Hate Speech

# なぜ、いまヘイト・スピーチなのか

## ―差別、暴力、脅迫、迫害―

前田 朗 編
Edited by Maeda Akira

三一書房

## ※ 本書の用語について

人種差別と民族差別――人種と民族は相対的に区別されて用いられてきた。日本民族と朝鮮民族という呼称が用いられてきたように、朝鮮人差別は民族差別である。このため「朝鮮人差別は人種差別ではない」と考える人もいないわけではない。しかし、人種差別撤廃条約の人種差別の定義には民族差別も含まれる。本書では人種差別撤廃条約の定義を採用する。

人種主義・人種差別・外国人排斥――人種と差別に関連する諸現象はさまざまな呼び名で呼ばれてきた。人種主義と人種差別は密接な関連を持つが、言葉が持つイメージは異なり、完全に重なるわけではない。一つの言葉で全体をカバーできる用語も見当たらない。国連の人種差別反対世界会議の正式名称は「人種主義、人種差別、外国人排斥および関連する不寛容に反対する世界会議」である。本書では、相互に密接な関連を有する用語を適宜用いるが、右に述べたように人種差別撤廃条約の定義を採用する。

人種差別とヘイト・クライム（人種差別禁止法とヘイト・クライム法）――人種差別禁止法は、民事・行政・刑事など諸分野にまたがる法律である。個人や団体による人種差別の禁止、政府による人種差別の禁止、差別被害者の救済（被害補償、損害賠償、地位保全など）を包括する法律である。他方、ヘイト・クライム法は、人種差別のなかでも特に犯罪に焦点を当てた法である。人種差別撤廃条約第四条が求めているのも、ヘイト・クライム（憎悪犯罪）の刑事規制である。ヘイト・クライム法は人種差別禁止法の一部である。

ヘイト・スピーチもヘイト・クライムの一種である。ヘイト・スピーチは、人種、民族、宗教、国籍、言語、性別などを動機とする憎悪犯罪であるが、本書では主に人種・民族に関連するヘイト・スピーチを扱う。また、人種差別撤廃条約の定義には部落差別も含まれる。

朝鮮人・韓国人――朝鮮半島の分断に由来して、在日朝鮮人、在日韓国人、在日韓国・朝鮮人、在日コリアンなどさまざまな呼称が用いられてきた。本書では、朝鮮半島出身者とその子孫の総称として在日朝鮮人を用いるが、必ずしも統一しない。また、朝鮮政府（朝鮮民主主義人民共和国）、韓国政府（大韓民国）などの呼称も用いる。ただし、引用文中では異なる表記も登場する。

# はしがき

ヘイト・スピーチが日本を騒がせています。

「韓国人を殺せ」「朝鮮人は死ね」といった激烈な差別、「日本から出ていけ」といった追放と排除の意思表示――ここにあるのは差別、差別の煽動、敵意であり、他者の存在と人格の否定です。

自分と異なる他者を差別し排除する排外主義は、被害者を傷つけるだけでなく、加害者自らの人格を歪め、この社会を破壊します。

自由、平等、人権、個人の尊重といった価値理念を損ない、対話、連帯、協働の精神を社会から奪い去ります。

ヘイト・スピーチという言葉は「憎悪言論」と訳されるように、あたかも言論・表現の一つであるかのように見えます。なるほどヘイト・スピーチのなかには、新聞や雑誌上の活字で表明されるものもあります。インターネット上の書き込みもあります。

しかし、ヘイト・スピーチという言葉にとらわれて、言論・表現という側面だけに限ることは、物事の本質を見失うことになりかねません。

ナチス・ドイツによるユダヤ人迫害、旧ユーゴスラヴィアにおける民族浄化、ルワンダにおけるツチ・ジェノサイドなど、歴史的に生起してきた典型的なヘイト・スピーチは、差別、暴力、脅迫、迫害といった文脈で行われました。

日本でも関東大震災朝鮮人虐殺は、「朝鮮人が井戸に毒を入れた」「朝鮮人が暴動を起こす」という官製のデマに怯えた民衆が、朝鮮人に対する悪意と罵声を投げつけながら行った虐殺です。

ヘイト・スピーチは単なる言論ではなく、殺人をはじめとする犯罪の予告であり、教唆・煽動であり、ヘイト・クライム（憎悪犯罪）です。暴力行為が伴う場合もあれば、伴わない場合もありますが、いずれにしても国際的には、人種・民族差別、迫害、人道に対する罪の問題として理解されています。

ヘイト・スピーチは単発の差別行為というよりも、歴史的につくられてきた構造的な差別を背景に、強者・マジョリティが弱者・マイノリティに襲いかかる暴力です。その国家と社会において生産されてきた差別の構造を抜きに、ヘイト・スピーチを理解することはできません。

本書はこうした関心から、現在の日本におけるヘイト・スピーチ現象を的確に理解・把握し、これに対する対策を提言する試みです。私たちが生きる日本社会を悪意と暴力に満ちた社会にしないために、ヘイト・スピーチを克服する思想を鍛えるためのガイドブックです。

# 目次

# I　なぜいまヘイト・スピーチなのか

# ヘイト・スピーチを理解するために

前田　朗

## 2013年のヘイト・スピーチ

　2013年春、ヘイト・スピーチという言葉が日本に広まりました。いったいなぜ、いま、ヘイト・スピーチなのか、確認することから始めましょう。

「朝鮮人を殺せ」

　いまではコリアンタウンと呼ばれるほど在日コリアン経営のお店が多数並ぶ東京・新大久保は、週末には観光客までやって来る楽しい国際色豊かな商店街です。その名の通りコリアンの店舗に加え、アジア各地からの商品と文化が街のにぎわいを彩っています。

　ところが、2012年秋から様子が一変しました。週末になると、「朝鮮人を追い出せ」「韓国人は死ね」と叫ぶ異様な差別煽動デモ隊が押し掛けてくるようになったからです。届け出デモの場合、公道上を警察隊に守られながら、大音量のマイクで激しい差別発言を轟かせます。また、「お散歩」と称して、商店街を歩きながら店舗や客に向けて罵声を浴びせます。こうした異常な情景が定着してしまいました。

2013年に入ると、デモ隊はいっそう過激になり、「朝鮮人を叩き殺せ」と絶叫し、「良い韓国人も悪い韓国人も殺せ」、「首を吊れ」などとプラカードを掲げるようになりました。

大阪・鶴橋も古くからのコリアンタウンですが、同様に差別と迫害のデモ隊が登場し、店舗の前で異常な差別街宣を行っています。2013年3月の街宣では、女子中学生が「朝鮮人はキライ。日本から出て行け。出て行かないと、南京大虐殺ではなく、鶴橋大虐殺を起こす」と叫ぶ異様さです。

## 差別と迫害の直接行動

差別煽動デモを呼びかけているのは、たとえば「在日特権を許さない市民の会(以下、在特会)」です。2007年にインターネット上で「直接行動」を呼び掛け、各地で多くの差別・暴力事件を引き起こしてきました。社会的注目を集めたのは2009年でした。

2009年2月、日本政府が、在留期限を超過した外国人を子どもから引き離して退去強制した際、退去強制を支持するデモ行進を行い、子どもが通う中学校に押しかけて騒いだのです(カルデロン事件)。同年8月、日本軍性奴隷制(慰安婦)問題の展示・報告集会に対して横槍をいれ、会場前に押しかけて人の出入りを阻止したこともあります(三鷹事件)。同年9月、外国人排除をアピールするデモ行進を行い、反対意見のプラカードをもった市民に襲いかかり暴行を加えました(秋葉原事件)。

同年10月、東京・小平市の朝鮮大学校に押しかけて差別的言辞を吐いて侮辱し嫌がらせをしました（朝鮮大学校事件）。同年12月、京都第一朝鮮初級学校の授業中に押し掛けて、「朝鮮学校はスパイ学校」、「約束は人間同士がするものだから朝鮮人とは約束は成立しない」などの罵声を浴びせて授業を妨害しました。４人が威力業務妨害罪、侮辱罪などで有罪となり、確定しました（京都朝鮮学校襲撃事件について、冨増四季・本書32頁以下）。

翌２０１０年以後も、徳島県教組乱入事件、水平社博物館差別街宣事件（古川雅朗・本書66頁以下）、ロート製薬強要罪事件（岡本雅享・本書79頁以下）など、次々と犯罪や差別を繰り返して社会的話題となっています。差別と迫害の直接行動は、２０１３年になって生じたのではなく、継続して組織的に行われてきたのです。

### 現代排外主義の特徴

在特会の主張や活動実態については、ジャーナリストの安田浩一『ネットと愛国』（講談社）をはじめとして、いくつもの分析がなされています（安田浩一・本書29頁以下）。その特徴は様々に指摘されていますが、ここでは特に重要な点を指摘するにとどめます。

第一に、インターネットを駆使した運動です。攻撃目標、集合日時、場所などをネット上で公開し、大勢で被害者のところに押し掛けて暴力と脅迫を行うスタイルは一貫しています。活動の様子をビデオ撮影し、ウェブサイトにアップしています。

第二に、若者の参加が指摘されます。中心的活動家には、従来からの「右翼活動家」の姿も目立ちますが、差別煽動デモを見ると若者が多いように見えます。不況、失業、疎外感、既得権益への反感などに着目して、現代若者論という形で議論を呼んでいます。

第三に、主張に合理性と一貫性がありません。「在日特権」という決め付けには何一つ根拠がなく、在日コリアンの通名使用を「特権」だと批判していますが、在特会の多くの活動家が活動家名を用いています。桜井誠会長自身も通名を使用しています（本名は高田誠）。攻撃目標はその都度変遷し、在日朝鮮人、中国人、韓国国民、さらには移住外国人に対しても激しい敵意をぶつけています。時には脱原発運動に対しても矛先を向ける有様です。

第四に、実は右翼政治家と繋がってきました。安倍晋三首相がネット右翼を自らの支持者として位置づけてきたほどです。そのためか、彼らが暴力行為を行っても、警察が直ちに介入することなく、むしろ警察によって見守られながら活動をすることができました。

「慰安婦」ヘイト・スピーチ

社会権規約委員会は、2013年4月30日に日本政府報告書審査の結果として勧告を出しました。「慰安婦」問題について、勧告は次のように述べています（以下、平野裕二訳）。

「26．委員会は、『慰安婦』が受けてきた搾取により、彼女たちによる経済的、社会的および文化的権利の享受ならびに彼女たちの賠償請求権に対する悪影響が永続していることを懸念する。委員会は、搾取の永続的影響に対応し、かつ『慰安婦』による経済的、社会的および文化的権利の享受を保障するため、締約国があらゆる必要な措置をとるよう勧告する。委員会はまた、『慰安婦』にスティグマを付与するヘイト・スピーチその他の示威行動を防止するため、締約国が『慰安婦』の搾取について公衆を教育するよう勧告する。」

「慰安婦」被害者が受けた搾取と、賠償請求権が明示されています。これは法的請求権です。日本政府が法的責任を否定し、道義的責任だけを主張していることへの批判です。同じ批判は、女性差別撤廃委員会、自由権規約委員会、国連人権委員会、アメリカその他の各国議会からも指摘されてきました。日本政府の主張は国際社会に全く通用しませんが、それでも日本政府は同じ無責任答弁を繰り返しています。「慰安婦」に対するヘイト・スピーチが取り上げられたのは初めてです。橋下徹（大阪市長、維新共同代表）の暴言は5月のことですから、審査の後です。ここで言及されているのは、それ以前からの過激デモや、ネット上における被害女性に対する侮辱です。ソウルの被害女性にも侮辱する手紙類が届いたといいます。こうした事態を受けて、社会権委員会はヘイト・スピーチやヘイト・デモを防止することを呼びかけています。

さらに、5月31日、拷問禁止委員会は、日本政府報告書審査結果としての勧告の中で、新たに「慰安婦」問題について勧告を出しました。

「（a）性奴隷制犯罪について法的責任を公に認め、加害者を訴追し、適切な刑をもって処罰すること。（b）政府当局者や公的な人物による事実の否定、およびそのような繰り返される否定によって被害者に再び心的外傷を与える動きに反論すること。（c）関連する資料を公開し、事実を徹底的に調査すること。（d）被害者の救済を受ける権利を確認し、それに基づいて賠償、満足、できる限り十分なリハビリテーションを行うための手段を含む十全で効果的な救済と補償を行うこと。（e）本条約の下での締約国の責務に対するさらなる侵害がなされないよう予防する手段として、この問題について公衆を教育し、あらゆる歴史教科書にこれらの事件を含めること。」

拷問禁止委員会は、日本の政治家などが「慰安婦」被害女性に対する誹謗中傷を積み重ねてきたことを批判しました。これもヘイト・スピーチと同じ文脈です。

## カウンター行動の意義と限界

こうした状況に変化が始まりました。2013年2〜3月の過激な差別煽動デモに対して、市民の呼び掛けによる「カウンター行動」が始まったからです。差別煽動デモ隊とカウンターの市民との間に暴力沙汰も起きて、新大久保はいっそう騒然とした状況になりました。このためマスメディアが注目するようになり、報道も一気に増えました。

カウンター行動の積極的意義は、何よりも差別され、被害を受ける人々に対する支援と連帯の意思表明です。日本社会が憎悪差別集団ばかりの社会ではないことを具体的に示しました。批判の声を上げ、差別と迫害の問題性を明らかにし、マスメディアの注目を集め、報道につながりました。

第一に、従来、警察は在特会の暴力・脅迫を見逃してきました。事後的に逮捕することはあっても（京都朝鮮学校事件）、現場では見逃してきました。それが変わったのです。第二に、差別煽動デモにNOと立ちあがった市民の存在が一因となって、2013年3月16日の「朝日新聞」記事以後、多くのメディアも差別デモに対する批判を始めました。第三に、国会で取り上げられました。ネット右翼に支持者を持つ安倍首相ですが、「特定の民族を差別・排除する動きは残念」と述べざるを得なかったのです。

こうした中、2013年6月16日には、差別煽動デモ隊とカウンターの市民が衝突し、暴力事件が起き、双方に逮捕者が出ましたが、桜井誠在特会会長も逮捕されました（3日で釈放）。世論の批判と国会質問の結果、警察も在特会を放置しておけなくなったのでしょう。

カウンター行動については、積極面と限界を指摘しておかなくてはなりません（鵜飼哲・本書134頁）。

第一に、差別と暴力に抗議して立ち上がり、差別を許さない市民がいることを示しました。被害者に連帯のメッセージを送った行動は高く評価されるべきです。メディアが変化したのも、警察が変化したのも、カウンター行動のおかげという面があるでしょう。

第二に、しかし、残念ながらカウンター行動によって彼らの行動を抑止することはできませんし、被害を止めることもできません。現場でぶつかり合って暴力沙汰に引き込まれてしまうことも予想されていました。

第三に、差別煽動デモは却って活気づいたとも言われます。社会的注目を集めて喜んでいるからです。

それゆえ、カウンター行動をいつまでも続けることは望ましくありません。世論をさらに盛り上げ、さまざまな手段で差別煽動デモを抑止していく必要があるのです。暴力事件を引き起こしたことを理由として、次回のデモ申請を却下させることから始めたいものです。実際、6月16日の後、東京都公安委員会は、在特会の申請に対してデモ・コース変更を指示したと言います。カウンター行動と世論の批判の成果です。

## ヘイト・スピーチの現象と本質

ヘイト・スピーチという言葉は以前から使われてきましたが、今回、日本社会に広めたのは「朝日新聞」3月16日付の記事でした。

「朝日新聞」記事は、特定個人ではなく朝鮮人に対する侮辱は名誉毀損罪に当たらないが、ドイツやイギリスなど西欧諸国ではヘイト・スピーチは犯罪であると紹介しつつ、表現の自由を強調しています。

「毎日新聞」3月18日夕刊記事や「東京新聞」3月29日付記事も、西欧の法規制を紹介しつつ、法規制には困難もあるとし、市民の力で過激デモを止めさせる世論づくりが重要だと強調しました。差別や迫害を煽動するヘイト・スピーチが諸外国では犯罪とされていることを紹介したことに意義があります。

4月以後も各紙やテレビで取り上げられ、5月22日にはＴＢＳ「ＮＥＷＳ23」が、5月31日にはＮＨＫ「おはよう日本」が、ともにヘイト・スピーチという言葉を使って報道しました。

マスメディアがヘイト・スピーチ批判をしたことによって、谷垣禎一法務大臣や安倍晋三首相でさえも、ヘイト・スピーチを残念な事態と述べざるを得ませんでした。在特会の行動を名指す表現としてヘイト・スピーチという言葉が採用され、広がったことには大きな意義があります。

しかし、問題設定の仕方に疑問がないわけではありません。ヘイト・スピーチという言葉を使ったために、「スピーチ」であるかのような印象を与えることになったからです。実際には、差別、暴力、脅迫、迫害が行われ、重大人権侵害が起きているのに、憲法学者は「スピーチだから表現の自由だ」などという無責任な発言をしています。日本国憲法第二一条の表現の自由の解釈が、あらゆる表現の自由を保障するかのような誤解を与えてきたため、「差別表現の自由」があるかのごとき印象を与えているのです。「表現の自由か、ヘイト・スピーチ規制か」といった二者択一の問題設定がなされています。

地方紙の社説ではヘイト・スピーチの問題点を整理して、法規制の必要性を唱える例も出始めましたが、主流は「表現の自由」を強調する姿勢です。これではヘイト・スピーチの本質を理解していないことになります。「スピーチだから表現の自由だ」という短絡的な思考に道を開いた点は再考の余地があります。

ヘイト・スピーチには様々な現象形態があり、中にはもっぱら言論表現と呼ぶべき場合があることは否定できませんが、実際に行われてきたヘイト・スピーチは、差別、暴力、脅迫、迫害の文脈で理解する必要があります。

新大久保や鶴橋の現場で起きていることは、差別、暴力、脅迫、迫害です。実態を無視して、あたかも表現の自由の問題であると考えることは適切とは言えません。ナチス・ドイツによるユダヤ人迫害や、旧ユーゴスラヴィアにおける民族浄化を単に表現の自由と看做すことなどあり得ません。ルワンダのツチ・ジェノサイドを煽動したラジオ放送を表現の自由などと考える非常識は、国際社会のどこにも通用しません。

仮に「表現行為」が含まれるとしても、差別煽動表現（ヘイト・スピーチ）を処罰するべきです。ところが、日本では、「ヘイト・スピーチといえども表現の自由があるから、民主主義国家では処罰できない」という珍説がまかり通って来ました。被害に目をふさいで、観念的に「表現の自由」という言葉を振りかざし、挙句の果てに「どんな表現も自由だ」という無責任な主張を許容してしまうのです。しかし、ヘイト・スピーチ処罰は民主主義国家の常識です。「ヘイト・スピーチといえども表現の自由があるから、民主主義国家では処罰できない」という主張には、そもそも根拠がありません

（前田朗・本書159頁以下）。

なお、英米法ではヘイト・クライム法が制定されており、犯罪であることが明瞭です。差別的動機による暴力や、差別発言を伴った暴力をヘイト・クライム（憎悪犯罪）と呼びます。そして、ヘイト・スピーチはヘイト・クライムの一つです。この認識なしに、ヘイト・スピーチという言葉を用いると、「スピーチだから表現の自由だ」という珍説の余地が出てくるのです。本来はヘイト・クライムとしてのヘイト・スピーチについて語るべきです（前田朗『増補新版ヘイト・クライム』三一書房参照）。

## 差別煽動国家と差別放置知識人

ヘイト・スピーチは、在特会など民間人による直接行動として展開されていますが、これだけを切り離してみると、全体像が見えなくなります。さまざまな観点から見る必要がありますが、ここでは二つの点を強調しておきたいと思います。

差別煽動国家

ヘイト・スピーチは社会において民間人、民間団体が行っているだけではありません。むしろ、日本国家が差別と差別煽動に励んできたのが歴史的事実です。

２０１０年から13年にかけて問題となった朝鮮学校の高校無償化除外問題は、日本政府による意図的な差別政策であり、数年間にわたって公然と差別を求める運動が継続し、２０１３年春に安倍政権によって差別政策が固定化されました（金東鶴・本書51頁以下）。日本政府が社会に向けて「朝鮮人は差別してもいいんだ」と煽動し、「差別のライセンス」を発行しているのです。

歴史を振り返れば、植民地支配時代から一貫して、朝鮮人差別の宣伝・推奨・煽動が日本政府によって行われてきました。

第一に、植民地戦争、これに対する朝鮮民衆の抵抗運動に対する弾圧など、朝鮮半島において激しい朝鮮人虐殺が吹き荒れました。徹底したジェノサイドです。

第二に、植民地支配が確立すると、創氏改名や朝鮮語禁止・日本語強制などに代表される「朝鮮民族抹殺政策」が進められました。「文化ジェノサイド」です。

第三に、ジェノサイドは朝鮮半島から日本列島に飛び火しました。１９２３年の関東大震災朝鮮人虐殺は、日本軍、警察、民衆の連携によるジェノサイドだったのです。

第四に、第二次大戦終結と、朝鮮民族解放にもかかわらず、その後もジェノサイド政策に反省は見られませんでした。日本政府は、戦争犯罪や植民地犯罪の謝罪も補償も行わず、出入国管理と外国人登録という二つの枠組みで在日朝鮮人を管理・抑圧する体制を維持しました。朝鮮学校における民族教育に対する弾圧もその一環です。

差別政策への無反省の上に、新しい差別政策が構築され、歴史的重層的な差別が維持・固定化されました。在日朝鮮人に対してだけではなく、アイヌ民族や沖縄／琉球民族に対しても同様のことを確認できます。アイヌ民族や沖縄民族は、時に「国内植民地」と称される北海道と沖縄における先住民族ですが、先住民族としての権利を保障されることなく、差別政策の下に置かれてきました。歴史的経過や差別政策の具体的中身はそれぞれ異なりますが、アイヌ民族に対する差別と沖縄民族に対する差別も、日本政府と日本社会のレイシズムの現象形態として重視する必要があります。アイヌ民族（阿部ユポ・本書95頁以下）、沖縄民族（西岡信之・本書107頁以下）から奪われた歴史と文化と大地について改めて議論がなされるべきです。

差別放置知識人

ヘイト・スピーチ規制の必要性が指摘される中、憲法学の多数説は「表現の自由だからヘイト・スピーチを処罰できない」としています。

たとえば、長谷部恭男（東京大学教授）の『憲法・第五版』（新世社、2011年）は、表現の自由の優越的地位の根拠として、民主的政治過程の維持と個人の自立を検討した上で、合憲性の判断基準として過度の広汎性の法理、漠然性のゆえに無効の法理に言及した後、内容に基づく規制と内容中立規制に関連して、煽動と差別的言論について検討しています。長谷部は差別煽動について次のように述べます。

「せん動が表現活動としての性質を持つことにかんがみると、『重大犯罪を引き起こす可能性のある』

行為一般を広く処罰の対象とすることは、過度に広汎な規制となる疑いがある。……（中略）……ブランデンバーグ原則によれば、違法行為の唱導が処罰されうるのは、それがただちに違法行為を引き起こそうとするものであり、かつそのような結果が生ずる蓋然性がある場合に限られる。せん動が処罰の対象となるのは、犯罪行為を実行する決意を生ぜしめまたはその決意を助長させただけではなく、せん動が行われた具体的状況において、重大な危害が生ずる差し迫った危険が存在したことを政府が立証した場合に限られるべきであろう」（同書２０１頁）。

長谷部は積極的に差別を容認しているわけではなく、差別煽動を絶対処罰できないとしているわけでもありません。長谷部が述べているのは、アメリカ憲法判例理論に学んで、表現の自由と煽動処罰に関する一般的理解はこうであるということだけです。そこにオリジナリティはありません。

多くの教科書が長谷部と同様の記述をしており、この憲法学多数説を意識して、在特会は、表現の自由を呼号し、差別煽動処罰規定のあいまいさを強調していることも明白な事実です。憲法学と在特会のコラボレーションが成立しているのです。

憲法学だけではありません。赤木智弘（フリーライター）は「彼らの言葉はどんなに汚くても『言論』である。ヘイト・スピーチを法律で禁じようという議論もあるが、言論に法規制はなじまない。ヘイト・スピーチを『国籍や性別など固有の属性に基づく差別』などと法で厳密に定義すれば、反対派による暴言は『定義に外れる』として許容されかねない。一方、定義をあいまいにしておけば、国家による表現の自由への際限ない介入を許す」と述べています（「毎日新聞」２０１３年6月19日）。

雨宮処凛（作家）は「彼らに掛ける言葉はない。右翼だったころの自分も『やめろ』と言われても行き場がなく『死ね』と言われるに等しかった。広い視野で社会を見てほしいと思う。私は左翼と憲法を討論することになって初めて日本国憲法をきちんと読んだ。反対側を見ればわかることもあるはずだ。法規制には慎重な立場だ。活動を潜在化させるだけで、根本的な解決につながらないのではないか」と言います（「毎日新聞」２０１３年6月27日）。

さらに、山田健太（専修大学教授）は「日本は戦時中の思想・表現弾圧の歴史を経て、制約無き表現の自由を憲法で保障している珍しい国。ナチスの歴史から人種差別思想を禁止している欧州的な考えを突然導入して法律を作るのは、日本に合わない。メディアの規範力によって守られてきた日本的な表現の自由の中で、差別的な表現をどう社会からなくすかを考えるべきだろう」と言います（「毎日新聞」２０１３年7月六日）。

在特会をはじめとする異常な差別と排外主義に心を痛め、これを批判しつつ、ただし法規制には反対する議論です。右の３人の議論にはそれ以外の共通点もあります。

第一に、事柄を表現の自由の問題として理解していることです。このため、結局のところ「差別表現の自由」を主張することになります。本人たちは「差別表現の自由」とは考えていないでしょうが、右の発言は明らかに「差別表現の自由」の主張です。赤木智弘は「どんなに汚くても『言論』」と述べています。

第二に、被害には言及しないことです。差別と迫害の被害を無視するつもりではないでしょうが、議論の筋道から被害問題が見事に除外されています。「どんなに汚くても『言論』」と言う赤木は表現の汚さに着目するのみで、被害に向き合おうとしません。雨宮処凛は、法規制すると「活動を潜在化させるだけ」と断定しますが、「活動を潜在化させる」ことは、とりあえず被害がなくなることです。それがなぜいけないのでしょうか。「根本的な解決」ができるまで被害者は我慢せよと言うのでしょうか。

第三に、法規制に反対しながら、具体的な代替案を提示しないことです。山田健太は「ナチスの歴史から人種差別思想を禁止している欧州的な考え」と言います。間違いではありませんが、ヘイト・スピーチを処罰する法律は、アジア、アフリカ、ラテンアメリカにも多数あります。他方、山田は予防啓蒙や国内人権委員会に言及していますが、それは「欧州的な考え」です。また、「根本的な解決」につながるかどうかにも触れていません。

憲法学にしても知識人にしても、差別を批判しているはずなのに、具体的な差別問題を差別論の文脈から表現の自由論の文脈に置き換えてしまいます。残念ながら、結果として差別と差別煽動を放置・容認する議論を展開しています。憲法第一三条の個人の尊重や、憲法第一四条の法の下の平等といった、日本国憲法の基本的価値理念への言及がないことも、彼らの共通点です。

## ヘイト・スピーチ対策の必要性

日本にはヘイト・スピーチ規制法がありません（金尚均・本書144頁以下）。それどころか、暴力事案であるヘイト・クライムの加重処罰法もなければ、人種差別禁止法もないのです。性差別禁止法もなければ、部落差別禁止法もありません。

包括的な人種差別禁止法

ヘイト・スピーチ規制論に対して、「刑事規制だけで効果があるのか」「刑事規制よりも前にするべきことがあるのではないか」という反論が差し向けられることがあります。しかし、これは明らかに議論を取り違えています。

ヘイト・スピーチ規制論者の多くは、ヘイト・スピーチ刑事規制だけを唱えているのではありません。ヘイト・スピーチ規制論者は、包括的な人種差別禁止の法と政策を唱えています（師岡康子・本書183頁以下）。論者のほとんどが人種差別撤廃条約などの国際人権法を準拠規範としていることからも、それは明らかです。

人種差別撤廃条約第二条は「締約国の基本的義務」として、人種差別撤廃政策を採ることを掲げ、人種差別をしないこと、人種差別を後援・擁護しないこと、人種差別的法令を廃止すること、社会における人種差別を禁止すること、人種間の障壁を撤廃することなどを明示しています。同条約第三条はアパルトヘイト禁止を掲げ、第四条は差別煽動の禁止と人種差別団体の禁止を要求しています。第五条は、第二条を実現するために国家が保障するべき基本的権利を列挙し、第六条は人種差別被害者への保護と救済を定めています。そして、第七条は人種差別につながる偏見との戦いを掲げています。

右のような人種差別撤廃条約を履行するためには包括的な人種差別禁止法の制定が必要です。人種差別撤廃委員会は、条約締結国に対して包括的な人種差別禁止法の制定を勧告し、日本政府に対しても同じことを勧告しています（前田朗・本書164頁）。

## ヘイト・スピーチ規制法

包括的な人種差別禁止法の一つとしてヘイト・スピーチ規制法があります。

そもそも国際自由権規約第二〇条が差別の唱道を禁止すると明示し、人種差別撤廃条約第四条は差別の煽動や人種的優越性の主張を処罰するとしています。つまり、ヘイト・スピーチ処罰は世界の常識です。

なぜなら表現の自由の歴史的経験に学んだからです。表現の自由の歴史的経験は二重の経験への反省として現実化しました。ところが日本では非常に一面的な理解が語られます。憲法教科書は、かつて軍国主義の下で市民の表現の自由が侵害されたことを取り上げて、表現の自由の重要性を指摘します。それは正しいでしょう。しかし、同時に、表現の自由を口実に人種差別や戦争宣伝が行われ、ナチス・ドイツによるユダヤ人迫害や侵略戦争を許してしまったことも反省しなくてはなりません。比較的近年でも、旧ユーゴスラヴィアの民族浄化、ルワンダのツチ・ジェノサイドは表現の濫用によって差別、迫害、虐殺の煽動がなされたことが発端でした。それゆえ「表現の自由と責任」が明確に意識されなければならないのです。

したがって、世界の多くの国にヘイト・スピーチ規制法があります（前田朗・本書159頁以下）。もちろん、人種差別禁止法やヘイト・スピーチ規制法がすべてではありません。予防啓蒙が必要なのは当たり前ですし、差別に反対する人権教育も重要です。対抗言論や、反論権の行使も、それが可能な場合には、追求される必要があります。

差別と迫害に反対する反レイシズム行動は、多彩な手段・方法で差別と迫害を克服していく必要があるのではないでしょうか。

コラム①

## 在特会を追いかけて

安田浩一

「不逞朝鮮人を叩き出せ」「ゴキブリ朝鮮人を日本から駆逐しろ」――聞くに堪えない罵声を飛ばしながら、日の丸を掲げた隊列が往く。

在特会（在日特権を許さない市民の会）を初めて視界にとらえたときの衝撃はいまでも忘れない。異様なものを見たという驚きがあり、妙に気持ちがザラついた。不気味だった。そして打ちのめされた。だからこそ、彼ら・彼女らを衝き動かしているものを知りたかった。醜悪で、下劣で、凶器のような言葉を操る者たちの素顔を見たかった。

取材の過程で多くの在特会員と知り合った。

〝日教組教育の弊害〟を訴える中学生、マスコミが日本をダメにしたのだと嘆く大学生、外国人が日本人の仕事を奪っているのだと憤るフリーター、日本政府の〝弱腰〟が許せないのだと涙目で話すＯＬ、戦後民主主義がオマエのようなバカを生み出したのだと私を一喝した老人――。誰もが苛ついていた。不安と不満と憤りを募らせ、その捌け口として、在日コリアンという〝敵〟を発見し、口汚く罵っているように思えた。

日本社会はこれまでずっと、在日コリアンに対する差別と偏見を抱えてきた。上から見下すような差別は、いつまでたっても消えてなくならない。在特会が「新しい」のは、そうした差別的視点を温存させつつ、下から見上げるような差別をも持ち込んだことだ。

在日コリアンについて尋ねると、会員たちは言い澱むことなく、自らの「被害」を訴える。同会の若手幹部のひとりは、私の取材に対して次のように答えた。

「在日は日本を奪おうとしているんですよ。なぜ、それが理解できないのですか？」

言論をコントロールしている、行政を支配している、教育現場を自らに都合の良い方向へと誘導している、日本の富を収奪している、それが彼らにとっての「在日」なのだ。

ネットに流通する怪しげな情報を鵜呑みにして、得体の知れないモンスターのような〝在日像〟をつくりあげているのだった。そのうえで、無責任なネット言説が、何の〝段差〟もなく路上に持ち込まれている。

こうした妄想を批判するのは容易い。だが、なかなか言葉は届かない。

私が在特会を取材対象として追いかけたのは、それがあまりにわかりやすい存在であり、アプローチしやすい場所にあったからだ。しかし近づいてみれば、在特会の背後には、巨大な闇がぽっかり口をあけて待っていた。

憎悪と偏見と嘘に満ちた言説を支え、滋養を与え続け、唆しているのは——日本社会そのものだった。在特会は、紛れもなく日本が、日本人が、生み出したものなのだ。

だからこそ、日本で暮らすものとして、私も責任を果たさなければならないと思っている。「日本が奪われる」と私に詰め寄った前述の会員に対して、いまなら私はこう答えたい。社会の公平さを奪われないためにも、あなたの行動も言葉も、けっして許されないのだ——と。

# II　憎悪犯罪の被害と対応

# 京都朝鮮学校襲撃事件

冨増四季

2009年12月4日の昼すぎ、京都朝鮮第一初級学校（以下、「本件学校」）の子どもたちは、校内に突如鳴り響いた大音量マイクの怒声に驚き、怯えました。校門前に陣取った十数名の男たちから「朝鮮学校を日本から叩き出せ」「なにが子どもじゃ、スパイの子どもやんけ」「この門を開けろ、こらぁ」と浴びせられる怒号は、約1時間も続きました。本稿では、この事件に対する法的対応、裁判所における審理の経過で明らかとなった在特会らの特徴についてまとめてみたいと思います。

## 街宣行為の概要と法的対応

### （1）最初の街宣（2009年12月4日）

街宣の態様

事件当時、校内では通常の授業や他校との交流活動が行われていました。同校には、幼稚班と1〜

6年生まで全校児童約130人が在籍し、主に朝鮮語を用いて、日本の小学校や幼稚園に相当するカリキュラムによる教育が行われています。ホームルーム、掃除、クラブ活動や各種体験学習などもあり、子どもたちが元気いっぱいに躍動し、生き生きと過ごす場です。

このような本来の明るい雰囲気は、差別的憎悪に満ちた怒号で消え去りました。ある先生は子どもたちの安全確保のために校門前へと走り、別の先生は、教室内の子どもたちを動揺させないよう努めて平静を装いました。何人かの子どもたちは怯えて泣き始め、翌日には「学校に行きたくない」と腹痛を訴える子や、「公園では遊びたくない」と言う子もいました。

街宣行為を行った男たちは、在日特権を許さない市民の会（以下「在特会」といいます）や主権回復を目指す会の構成員を名乗っていました。表向きの目的として、学校に隣接する児童公園の「不法占拠」を世間に知らしめるなどと主張していますが、繊細な子どもたちの学びの場に、突如押しかけ、大音量で罵声を浴びせるような行為態様からして、政治的言論などという弁明が欺瞞に満ちたものであることは明白でした。

警察の「共犯的ともいえる寛容さ」（臨場した警察官たちの消極的な対応）

学校からの110番通報を受け、複数の警察官が現場に臨場しましたが、驚くべきことに、大音量による罵声をやめるよう積極的に介入することはありませんでした。物理的な暴行・傷害が起きそうになると間に入るものの、約半時間にわたって男たちの街宣行為の遂行を見守るにとどめ、あたかも行為の適法性を追認するかのような対応に終始しました。この警察の消極的な対応は、後の二回目、三回目の街宣でも続きました。

警察の役割は、暴行・傷害など身体的な乱闘騒ぎを防止するだけで、「公然と人を侮辱」する行為（刑法二三一条、侮辱罪）まで抑止する必要はなかったとでもいうのでしょうか。仮に抑止対象を物理的な侵害を伴う犯罪に限定するにしても「威力を用いて人の業務を妨害」する行為（刑法二三四条、威力業務妨害罪）という犯罪が続いていることは、誰の目にも明らかでした。当然、警告を無視して妨害行為を続けるのであれば、現行犯逮捕をしてでも抑止すべきところでしょう。しかし、警察官らは、ただ漫然と犯罪行為が続くことを黙認し、その間、子どもたちを恐怖にさらし続け、数多くの名誉毀損・侮辱的言辞が積み重ねられていくのを放置し、被害の拡大をもたらしたのです。

実は、この事件に先立つこと数日前に、学校長は職員、関係者など数名とともに警察署を訪れて、警備要請をしています。ですので、警察は動画などで在特会の街宣行為の特徴を事前に確認し、こうした行為がどの刑法違反を構成するのかについて吟味し、同種の行為が校内の児童に深刻な影響を与えるであろうことを把握していたはずでした。それでも、警察は、（ジャーナリスト中村一成氏の言葉を借りれば）「共犯的ともいえる寛容さ」をもって黙って見ているだけだったのです。

こうした警察の消極的な対応は、ヘイト・スピーチ被害者となった学校関係者や父母の、法秩序や日本社会に対する信頼を大きく揺さぶる要因となりました。また、ネット上に公開された数多くの動画において、警察官が黙認をする様子が映り込んでいたこともあり、視聴した一般の人々に一定のメッセージを発する結果となりました。すなわち、同種の街宣行為が処罰されるかどうかの線引きを曖昧にしてしまい、社会において、それまで当然のものとして共有されてきたはずの善悪の規範意識を狂わせ、後続の街宣を勢いづかせる要因となったのです。

### （2）刑事告訴、2回目の街宣とその後の展開

#### 刑事告訴と即日受理（2009年12月21日）

この悪質な差別的街宣に対処すべく、本件学校からの依頼を受け、京都の弁護士を中心に約100名からなる弁護団が結成されました。弁護団は、同月21日、京都府警に告訴し、即日受理されました。当日の行為については、複数の警官が現認し、かつ、ネット上の動画により確実性の高い客観的証拠も揃っていたことから、迅速な捜査・起訴による抑止効果が期待されていました。

しかし、その後、警察が逮捕などの強制捜査に着手したのは翌年8月、当初の告訴から実に半年以上も後のことでした。告訴が報道された後も、在特会はホームページ上で自らの正当性を主張し続けました。このため、インターネット動画を見て学校の周りにやってくる不審者による子どもたちに嫌がらせが懸念されました。オモニ会・アボジ会と教員たちはローテーションを組んで、学校周辺の見回り活動を続けざるを得ませんでした。

こうした捜査の遅れにより、違法・適法の境目があいまいなまま放置されてしまい、その後の差別街宣行動の蔓延を許す要因となりました。

2回目の街宣（2010年1月14日）

12月の街宣が注目を集め、また、刑事告訴の対象とされたこともあってか、在特会は運動の展開において本件学校を重視するようになり、2010年1月には、2回目の街宣が計画・実施されました。ネット上の予告を見て、事前にこの計画を知った学校関係者は対策を協議しました。差別的行為に屈するかのような姿を見せてしまうことで子どもたちの民族的自尊心に悪影響をもたらす懸念もありましたが、最終的には子どもたちの安全を重視せざるを得ませんでした。学校の教職員の方々は、わずか数日のうちに、急遽、校外での課外活動を手配し、子どもたちを避難させる措置をとりました。

この1月の街宣には、約30～40名がやってきて、12月同様、拡声器を用いて差別的な街宣が行われました。1時間以上にわたり「不逞な朝鮮人を日本からたたき出せ」「北朝鮮の工作員養成機関、朝鮮学校を日本からたたき出せ」「朝鮮人を保健所で処分しろ」などと怒声がまき散らされました。警察は、約10台の警備車両を伴い100名ほどの警官を出動させて警備にあたったものの、またもや「共犯的ともいえる寛容（な）」対応に終始しました。学校敷地への侵入を防止し、学校関係者との物理的な暴力や衝突が生じないよう最低限の警備を提供するのみで、大音量による差別的街宣そのものを制限することはなかったのです。

京都弁護士会の会長声明と、これに対する抗議活動等

2010年1月19日、京都弁護士会は、12月の街宣に対し「朝鮮学校に対する嫌がらせに関する会

長声明」を発出し、このような差別的な街宣を、社会的に許されないものとして非難しました。

これに対し、在特会は会長の「桜井誠」名で抗議声明を発表し、主権回復を目指す会は2月10日、京都弁護士会館前で抗議活動を行いました。ここでも業務妨害罪、建造物不法侵入罪等に該当しうる犯罪行為に従事し、さらには会長の自宅前にて街宣を行うことを予告するなど、挑発的な言動を行い、その一部始終を撮影した画像をインターネット上にアップロードしました。

街宣を禁ずる仮処分決定と、これを無視した3回目の街宣（2010年3月28日）

刑事告訴を受けた捜査が予想に反して長期化し、他方で、1月の街宣が行われ、弁護士会の声明すらも無視する姿勢が明示される事態を受け、弁護団は、さらなる法的抑止の必要があると判断し、裁判所に学校から半径200メートル以内での街宣行動を禁ずる仮処分を出すよう申し立てました。京都地裁は、在特会側の言い分を聞く手続（債務者審尋）を行う必要性も認めず、3月24日、わずか数日という審理期間で仮処分決定を発出しました。差別街宣に対峙していこうという裁判所の姿勢は、この手続の迅速さに示されていたといえます。

しかし、在特会らは、裁判所による禁止命令をも無視して、3月28日、3回目の街宣行動を行いました。裁判所は事態を重く見て、5月21日、100万円という高額の間接強制金を命ずる異例の決定を行い、その後、本件学校周辺での街宣行為が行われることはありませんでした。

### （3）法的対応のまとめ

弁護団による法的対応をまとめると、刑事告訴（２００９年12月21日）、仮処分申立（２０１０年3月19日）、仮処分違反を受けた間接強制の申立（同月31日）、そして後述する民事訴訟（本訴）の提起（同年6月28日）ということになります。

こうした法的対応の第一の目的は、同種の街宣を抑止して子どもたちの安全を守ることにありました。こうした街宣が、法律上、重大な違法行為で刑事処罰の対象になることを広く世間に知らしめる必要があったのです。

さらに、毅然と法的措置を講じていくことは、名誉・尊厳の回復はもちろんのこと、日本社会を律する法秩序や正義観念に対する信頼の回復という意味合いでも重要な意義があることが、次第にわかってきました。

こうした作用は、法廷での裁判手続のみで獲得できるものではありませんでした。第1回弁論の報告集会に合わせて設立された、裁判を支援する会「こるむ」が果たした役割がとても大きかったのです。裁判の後で毎回行われる報告集会や、その他シンポジウムや交流会の企画など、地道な活動を通して、当事者や支援者と弁護団、裁判手続をつなぐ橋渡しの役割を担いました。司法手続に対する不信を軽減し、弁護団の方針への理解を促進するとともに、弁護団が真の被害実態を把握する手助けとなりました。後の裁判手続において、読み手の心に迫る陳述書を作成したり、尋問準備をする際に必要となる信頼関係を醸成する基礎を築いたのです。

## 刑事事件の進展

### （1）逮捕から刑事裁判における審理

２０１０年8月、街宣を行っていた中心人物４名がようやく逮捕されました。

その後の勾留起訴を経て、刑事裁判の審理が始まったのは２０１１年2月のことでした。弁護人の冒頭陳述、最終弁論等では、被告人らの正当性が主張され、被告人らのなかには法廷においてさえも在日コリアンへの差別や偏見に基づく発言を繰り返す者もいました。

審理のなかで、街宣の動画上映が行われたところ、裁判傍聴をしていた父母や教職員の方々は、事件当日のことを思い出し非常に辛い思いをしたといいます。また、被告人らがきちんと有罪として処罰されるのか、強い不安を感じることもあったと聞いています。

学校関係者に対しては、繰り返し、私たち弁護士の見解として、この事案が無罪となるようなことはありえないと説明していたのですが、法廷という公的な場において、裁判官の前でも堂々と反論する様子を見てしまうと、どうしても不安となる面があるようです。ヘイト・スピーチ被害の対応にあたる弁護士や支援者としては、裁判手続には、こうした二次被害の要素があることを心にとめ、事前・事後のフォローをしておく必要があると感じました。

## （2）執行猶予とした有罪判決（京都地裁2011年4月21日判決）

審理の結果、京都地裁は、2011年4月21日、起訴された在特会らの中心人物らを威力業務妨害、侮辱罪等で有罪とし、各人の関与態様によって懲役1～2年（執行猶予4年）の判決を宣告しました。表現の自由との関係につき、同判決は、侮蔑的な発言内容、大音量での怒号、実力行使で喧騒を生じさせた態様から、本件街宣行為は「許容される余地のない」ものとし、弁護側からの「正当な政治的表現行為」との主張を斥けました。この結論は、従前の判例法理に照らしても至極当然というべき判断で、何ら目新しい要素はありません。

他方で注目すべきは、執行猶予とした量刑です。判決文に「被告人らは、公判廷でも本件各行為は正当であったと述べるなど反省が見られない」と指摘されるほど、法廷での発言・態度には問題がありました。被告人質問では、具体的根拠も提示されることなく北朝鮮政府等との関連が繰り返し強調され、裁判の最後では、被告人自らの意見陳述として、今回の抗議活動は生ぬるい、受忍限度内のものであるし、（本件学校は）この程度で済んでありがたいと思え、などと述べるほどでした。学校関係者も、こうした無反省な人種差別的傾向が判決にどの程度影響するものか、裁判所の量刑判断に注目していました。

しかし、ふたを開けてみれば、裁判所は、本件被害の本質を矮小化し、大音量の街宣による物理的な業務妨害と、これに派生する恐怖心と把握してしまったようです。すなわち、判決では、被告人らの反省の欠如を指摘し「被害者が……抱いた恐怖心や屈辱感は大き（く）、……強い被害感情を示しているのはもっともである」との評価を明示しながら、それでもなお執行猶予とする理由は、被告人らが「違法とされればその活動手法を改める旨述べていること」にあるとされました。ここで、弁護側が「活動手法を改める」とした具体的内容は、「逮捕者が出ないように」「同じようなことは行わない」といった程度です。民族的差別・侮蔑を扇動するヘイト・スピーチの要素を反省する言及は一切ありませんでした。従って、裁判所が再犯可能性の吟味において重視したのは、業務妨害等の物理的な侵害行為を繰り返すか否かという、極めて限定された範疇のものであったということになります。

このような判断は不当と言わざるを得ません。本件の特殊性は、民族教育を実践する学校において、殊更に在日コリアンの民族性を攻撃対象としたことにあることは明らかです。それにも関わらず、判決理由において民族性に照らした評価・検討を徹底的に回避し差別的動機の悪質性に対する評価を完全に欠落させている事は、この判決の特徴であり最大の欠点です。被害実態の把握に関しても、本来であれば、民族性を踏まえたうえで、在日コリアン児童らの健全な人格形成への影響や、父母その他の関係者の本件学校への期待・愛着といった事情の検討が必要であったはずです。しかし、検事の立証方針もあり、こうした点は審理の主題とされませんでした。結果として、執行猶予とした量刑には、ヘイト・クライムならではの本件の悪質性、被告人らの無反省、そして被害の深刻さが反映されない結論となってしまったわけです。

## (3) 判決の量刑評価が、その後のヘイト・スピーチの蔓延に与えた影響

京都地裁判決から約2年半が経過し、2013年現在までに、日本社会は同種の過激な差別街宣行為の全国的な拡散を許してしまっています。その責任の一端が、この京都地裁判決にあるということを看過してはなりません。京都地裁判決の軽すぎた量刑の功罪は、単に、街宣における発言内容という差別的言論を抑止できなかったことにとどまりません。在特会らの同種街宣では、発言内容だけではなく、騒動を引き起こす挑発性や物理的な妨害行為の過激さもエスカレートしていきました。結局のところ、ロート製薬に対する強要事件(2012年3月2日)で再び逮捕されるまで、歯止めは掛からなかったのです。

この点、京都地裁が執行猶予を選択した前提には、この被告人らについては「再び罪を犯せば前刑も加算された実刑とする」との脅しをかけておけば、現時点で刑務所に入れなくとも再犯を抑止できる、との予想があったはずです。しかし、この予想は外れました。被告人らの一部は、執行猶予判決の後も全国各地で街宣活動に邁進し、うち2名は、4年の執行猶予期間を約3年も残して強要罪を犯しました。強要罪は、単なる意見表明などではなく、物理的な危害・脅威の要素を伴う犯罪類型です。

このように、京都地裁判決が評価を誤った要因として、ヘイト・スピーチ犯罪の特徴を理解していなかったことを挙げることができるでしょう。つまり、ヘイト犯罪の一般的・典型的な特徴として、最初は言論活動などの体裁を装っていても、憎悪の扇動が一定数の群衆をまきこんでいくにつれて、結局のところ、歯止めがきかなくなり、物理的にも身体・生命にさえ脅威を与える物理的侵害行為に

発展していく傾向があるとされてきました。これは、「ヘイト暴力のピラミッド」の図示とともによく知られた傾向であり、京都地裁での審理が行われた当時においても、既に指摘されていたことです。この傾向は、ある社会を全体として観察した場合の傾向というだけではなく、一人の個人のなかで同種の展開が起こることを示唆するものとして理解すべき面がありそうです。

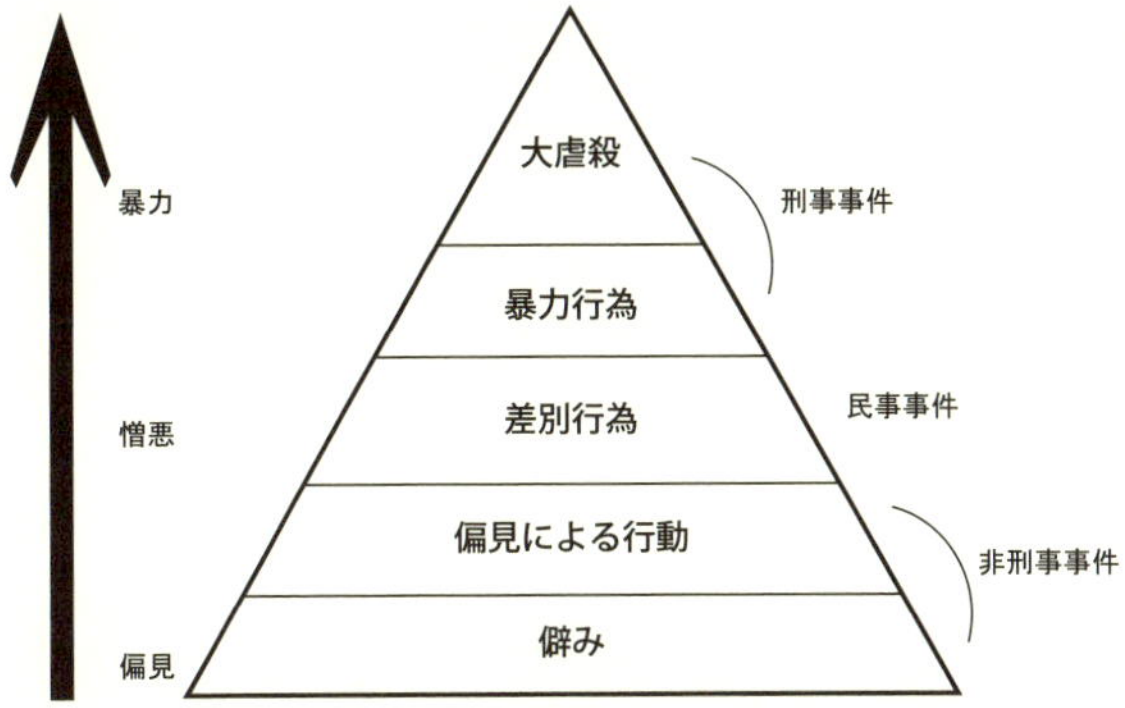

ブライアン・レビン「ヘイト暴力のピラミッド」

しかし、検事も、裁判所も、このような一般的特徴を理解していませんでした。我々、告訴代理人も、もっと積極的にアピールをすべきでした。仮に、量刑の選択にあたって京都地裁判決のように物理的犯罪の再犯可能性に評価対象を絞る考え方に立つとしても、本件のように、行為態様・発言内容にヘイト犯罪の悪質性が顕著に見られる事案であって、かつ、被告人らが法廷においてさえもヘイト性向を自ら明らかにして、法秩序に対する挑発をやめないような場合には、再犯可能性が極めて高いものと評価すべきであったといえます。安易に執行猶予にしてはいけなかったのです。

ロート事件の大阪地裁判決は、被告人らの行為につき「（被害者のもとへ）突然押しかけ、脅し上げる行為（であって、それは）、……他人を傷つけることをかえりみない悪質な犯行で、放置すれば社会への脅威になりかねない」として実刑に処したわけですが、ヘイト犯罪の特徴を見据えていれば、既に京都地裁判決の段階でこうした評価は可能だったのです。日本社会におけるその後のヘイト犯罪の蔓延（一般予防の失敗）及び被告人らの再犯（特別予防の失敗）という両面において、京都地裁判決は司法の敗北と位置づけなければなりません。どうしてこのような軽い量刑となってしまったのか、裁判所、検事のみならず、我々支援者の側でも、当時の対応をきちんと検証しておく必要があるでしょう。

## 民事訴訟（損害賠償・差止）の概要

（1）原告・学校法人の請求と主張の内容

弁護団は、刑事告訴により捜査を求める努力と並行して、２０１０年6月、京都地裁に民事訴訟を提起し、同種街宣の差止めと街宣1回当たり１０００万円（合計３０００万円）の損害賠償を求めています。その後、弁護団では、刑事裁判では十分に評価されなかった民族教育権の重要性とヘイト・スピーチ被害の本質について明らかにすべく努力してきました。

本件学校が行ってきた民族教育事業は、ここに通う児童らの民族教育権のために欠くことのできないものです。民族学校の意義を概観しますと、まず、①言語や文化の承継のために、その言語・文化を共有する一定人数の教師・生徒が集う場を確保する意義があり、さらに、健全な民族的自尊心を育んでいくために、②偏狭な差別意識に基づく人格攻撃、民族的侮蔑に晒されず、安全で安心して過ごせる学習環境を提供します。そして同校では、民族固有の言語や伝統文化の承継とともに、③日本人も含めた地域住民との交流、相互理解にも重点が置かれています。低年齢の時期から国籍や民族性を超えた友好的な交流を経験していくことで、児童らは、在日コリアンとしての出自を明らかにしても人として尊重される安心感を身に付け、その後の人生においても堂々と振る舞っていくことができると考えられています。

ところが、被告らは、こうした重要な学びの場である学校を民族的侮蔑の攻撃対象としました。これは、長年にわたる教育効果を一瞬で消失させかねない極めて悪質な行為と評価されなければなりません。

(2) 審理の経過

京都地裁における民事裁判の審理は、2010年9月16日の第1回口頭弁論から約3年間をかけて、尋問期日を含めると実に18回もの弁論期日が実施されて結審しました。判決は、2013年10月7日に言い渡される予定となっています。

弁論期日の内容としては、第1~8回は主張整理にあてられ、法廷では準備書面の要旨の朗読が行われ、第9回は動画再生、第10~11回は被告本人尋問が実施されました。第12回は、裁判官の交代もあったため、冒頭陳述手続として改めて主張内容を整理し、その後の被告ら本人、原告側関係者の尋問で審理される対象が確認されました。次の、第13～15回は被告らの本人尋問で、在特会代表の髙田（桜井）誠氏や主権回復を目指す会代表の西村修平氏の尋問も実施されました。第16～17回は、学校関係者（教職員、当時のオモニ会代表者等）の証人尋問と専門家証人・板垣竜太同志社大学准教授の尋問が実施され、第18回の原告・被告双方の最終弁論（証拠評価）により終結したという経過です。

第1回期日と最後の第18回期日においては、弁護団の一員で本件学校の卒業生でもある具良鈺弁護士の意見陳述が実施され、自らのヘイト被害体験を交えて本件学校における民族教育の重要性やヘイト・クライム被害に遭うことの影響について、裁判官に訴えかけました。

原告側が提出した主要な書証として、街宣動画・反訳、在日朝鮮人の歴史性や民族教育に関する文献、ヘイト・スピーチの特徴に関する文献、教職員の方々の陳述書、被告らの刑事事件の供述調書類などが挙げられます。学校の受けた被害に関しては、各種ヘイト・スピーチの研究において明らかにされてきたスクリーニング現象、深刻な精神的苦痛、沈黙効果といった視点に照らして分析しながら、その本質を把握する必要があります。陳述書作成にあたっては、被害の深刻さを捉えることを目標としましたが、ヘイト被害の特殊性もあって聴取作業は難航し、弁護団で手分けして長時間を割いて聴き取り作業にあたる必要がありました。

これに対し、被告らは、問題となっている各街宣は政治的言論として行われたものである、名誉毀損などについても「公正な論評の法理」により違法とならない、といった主張を展開しました。

### (3) 民事裁判の審理を通して、浮き彫りになった在特会の実態

民事裁判の審理では、髙田(桜井)誠氏をはじめとする在特会などの主要人物の尋問が行われました。刑事裁判では、被告人らに質問したのが検察官であったため、民族差別性についての立証に向けられた質問はほとんどありませんでした。他方、民事裁判においては、この点が「無形損害」や、差止めの必要性の認定に必要な主たる争点と位置づけられたため、会の中心人物らの意図、事実認識を問いただし、その悪質性をあぶりだす尋問が行なわれました。

こうした尋問に対し、被告らの一部は、態様について行きすぎの面があったことを認め一応の謝罪をするなど、その真摯さに疑いは残るものの、法廷における対応としては理解しうる範疇にあったといえます。しかし、在特会関係者などの法廷での言動は、街宣活動同様、常軌を逸した証言などもあり理解に苦しむものでした。

#### 「理」になじむべき法廷の本来の作用

一般に、言論活動において、本来、想定されている作用を考えてみますと、ある者が自らの政治目的を達成しようとするのであれば、その手段として、確たる根拠を提示し、説得的な議論に努めることでより多くの人々の共感や支援を獲得し、世間における多数派を形成しようと努力するのが通常でしょう。このような言論作用による共感・支援を得たいと願う者にとって、法廷という場は格好の舞台です。ここで「理」を尽くして自らの意見を述べ、批判にも耐えうる真理のもつ説得性をもって、

裁判官に正当性を認定してもらおうと努力することが最も合理的な行動となります。こうした前提があるため、尋問に臨む弁護士としては、違法行為者たちが自らを正当化すべく法廷での尋問ではどのように弁明してくるであろうか、予測していくつか想定しうるシナリオのそれぞれについて、再反論や、法廷でぶつける書証などを準備しておきます。そして、当日の反対尋問においては「理」の土俵で真っ向勝負をして、裁判官の心証が、真理と正義に即したものとなるよう努力するのです。

### 過激さの演出による「話題性」の追求

ところが尋問期日で、被告らの一部は、こうした予想に反するような証言を次々に行いました。驚くべきことに、裁判所に反感を抱かせるであろう挑発的な言動も厭わず、裁判には不利に働くであろう過激な証言を、自発的・意図的に行っていったのです。こうした過激さは、確かに「話題性」を集め人々の関心を引こうという彼らの目的には適うものであるといえます。しかし、これは真摯な議論による真理探究の営みとは全く異質のものです。すなわち、被告らは、裁判所という「理」を尽くすべき格好の舞台において、あえて「理」による作用に背をむけ、挑発的で反抗的な対応に徹したのです。

私は、これこそが、彼らの本質であると感じています。彼らの行動指針は「話題性」の追求であり、「理」の支配する土俵における勝負ではありません。言論作用を通した多数派の形成は、はじめから目的にすえられていないのです。道理をつきつけられて自らの考えを変えるような準備などはなく、とにかく過激行動や差別街宣を共にしたい少数派の人々にアピールすることこそが目的のように見えます。

この特徴は、法廷のみならず、彼らの街宣行動においても、顕著に、そして一貫性をもって現れています。被告らの街宣では、できる限り衝突を演出して動画への関心を高めようとします。彼らは世間を挑発すると同時に、常に、衝突を演出するチャンスがないか周囲に目を光らせ、わずかでも衝突できる契機が見えるとすぐさま、そこに街宣者全員の意識とエネルギーを集中させようとします。些細な接触にあってもなるべく大ごとにして、視聴者の興味を引きつける過激なぶつかり合いとなるように衝突を演出するのです。本来であれば、こうした衝突は言論の主題を見えにくくしてしまうので、できるだけ避けるべきであるはずのものです。

さらに在特会などの街宣においては、強い敵意を表出する言動が用いられ、服装や表情などを通しても憎悪、反感、敵意、在日コリアンに対する差別意識が色濃く表現されます。憎悪や敵意の表明を利用し、視聴者の感情的な反応を引き出して支持や連帯につなげようと企図されているのです。ここには、真摯な対話や理性的な議論等、本来の言論の作用による問題解決を図ろうとする姿勢は見られません。

このような利己的な「話題性」の追求に対し、憲法上の「表現の自由」の手厚い保護が与えられる基礎はありません。かかる目的で、他者の人権を侵害するような行為態様が正当化され、適法となる余地はないのです。現行法上も、例えば、暴行・傷害など身体的暴力、業務妨害のような物理的犯罪や侮辱罪などでは、表現の自由を理由に違法性阻却されることはありません。また、政治的言論を含む名誉毀損でさえも、「専ら公益を図る目的」が認められない限り、犯罪成立が妨げられることはないのです。

法廷でのやりとりから、改めて、彼らの見せかけの「政治的言論」の言い分に惑わされることなく、その本質を見据えて対応を考える必要性が改めて確認されたといえるでしょう。

## （4）民事裁判の判決（2013年10月7日言渡予定）の意義

本件は、ヘイト・スピーチ街宣行為に関するリーディングケースとして位置づけられます。インターネット動画の浸透もあり急速に広まるこうした動きに対して、今後、日本の司法がどのように対峙していくのか、本件はその方向性を決める極めて重要な意義を有します。

また、こうしたヘイト・スピーチが民族教育を実践する場で行われたことで、正面から、あるべき民族教育に対する法的保護の性質・程度についても問われています。ヘイト・スピーチ規制と民族教育の議論は、民族的自尊心を重視する点で共通項をもっています。日本における在日コリアンの歴史性を踏まえた適正な評価がもたらされるのか、裁判所の判断が注目されるところです。

このように本件はヘイト・スピーチ被害の実態はもちろんのこと、法的対応の意義と限界、さらには審理の過程から浮き彫りになったヘイト行為者らの特徴に関して、数多くの貴重な示唆を提供する事案であったといえます。

# 「高校無償化」制度からの排除——朝鮮学校に対する差別政策

金東鶴

朝鮮学校への差別、これは何も京都の朝鮮学校を襲撃し、罵詈雑言を繰り返した「在日特権を許さない市民の会」のような露骨に外国人排斥を叫ぶ人々によるものだけではありません。大変残念で腹立たしいことですが、日本政府自体が、戦後においても連綿と民族教育を否定的に捉え、朝鮮学校に対する差別政策をとり続けてきたのです。

そのような中、朝鮮学校の権利は、関係者と支援者たちが大変な労力を注ぐことによって一つ一つ闘い取られてきました。しかし、それが日本政府の従来の政策を根本的に変えるには至らず、昨今においては街角で繰り返されるヘイト・スピーチと共鳴するかの如く、露骨な差別、権利侵害が政府や自治体によって行われる事態となっています。

## 排除のための省令「改正」

第二次安倍政権発足後間もない2012年12月28日、下村博文文科大臣は朝鮮学校を「高校無償化」制度から排除する方針を表明、そのための省令（「公立高等学校に係る授業料の不徴収及び高等学校等就学支援金の支給に関する法律〔以下、「高校無償化」法〕施行規則」）の「改正」を行うとしました。

そして2013年の2月20日、朝鮮学校を無償化の対象から完全に外すためだけを目的とした省令「改正」が断行されました。また同日付で、東京朝鮮学園をはじめとする高級部を持つ各朝鮮学園に対し、省令「改正」により審査の根拠規定（同法施行規則第一条第一項第二号ハ）が無くなったこと及びこれまでの審査で審査基準に適合すると「認めるに至らなかった」ことにより「高校無償化」の適用対象として認められないとの通知文を送りつけてきました。

3年前の2010年、民主党政権下で「締約国は、教育についてのすべての者（傍点　筆者）の権利を認める」と定める社会権規約第一三条を基本理念に、「教育の機会均等に寄与することを目的とする」（第一条）として「高校無償化」法が制定されました。しかし、中華学校やインターナショナルスクールなど他の外国人学校については、本国の学校教育制度において高等学校段階に位置づけられていることが確認できる、もしくは、国際的な学校評価団体から認定されているとして「高校無償化」制度の対象に認められる一方、朝鮮学校についてはそのどちらにも当たらないとして、文科省が審査基準を作り、その審査結果によって判断するとされました。そして、当初、「外交上の配慮などにより判断すべきものではなく、教育上の観点から客観的に判断すべきもの」という政府統一見解に沿って、2010年10月5日に発表された「高等学校の課程に類する課程を置くものと認められる」(同法施行規則第一条第一項第二号ハ)かどうかの審査基準及び審査手続きを定めた「規程」に基づく審査は、いたずらにその結論が引き延ばされることとなり、遂には審査中であるにもかかわらず、その審査自体の根拠となる規定を無くし、審査を打ち切る、そんな前代未聞なことが行われたのです。

文科省はその「理由」として「拉致問題に進展がないこと」という朝鮮学校に通う生徒に何ら責任のない、また先に挙げた政府統一見解とも全く相容れないことを挙げています。なお、この政府統一見解について下村大臣は、「廃止をいたします」と朝鮮学校排除方針表明時に語っていますが、何時どのようにして廃止したのかなどについては、筆者が文科省に問い合わせても明確な答えが返ってこないといったあり様です。そもそもこの政府見解は、2010年3月12日、通常国会で「高校無償化」制度の法案が国会で審議されている最中に表明されたものであり、それも踏まえて法律が成立している以上、政権が替わったからといって、本来、簡単に覆すことができない性質のものです。

文科省は、もう一つの「理由」に在日本朝鮮人総聯合会(総連)との「密接な関係」を持ち出していますが、これもまったく不当なものです。少なくない私立学校が宗教団体をバックボーンにしていることは周知の通りですが、民族学校がその民族的コミュニティを束ねる民族団体をバックボーンにしていることもまた一般的なことで、必然的にそれらは一定の関係性を持っています。ましてや同化政策を敗戦後も引きずってきた日本政府による、露骨な差別、抑圧を加えられてきた在日朝鮮人社会が総連組織を立ち上げ、その組織を挙げて民族教育を発展させてきたことは、今では韓国社会でも積極的に評価する人が増えているほどで、その「密接な関係」は周知の事実であり、それ自体何ら否定されるべきようなことではありません。

むしろ日本政府は、自らが文化的ジェノサイド、つまりは日帝時代の民族抹殺政策の被害者への原状回復義務を果たさない中、たいへんな労力をもってその民族性の回復に奔走してきた民族団体に対し、補償をすべき立場にあると言えます。

米国同様、第二次世界大戦中、日系人を強制収容したカナダでは、強制収容に先立ち、日本人学校の閉鎖も行われましたが、1988年、一人当たり2万1000ドルの賠償を行うとともに、1200万ドルを日系カナダ人コミュニティの福祉ないし人権の擁護に役立つ教育的、社会的、文化的な活動、企画に対して支払う等の措置をとっています。いくら国同士が戦争をしているといっても相手国出身の人々への人権侵害は過ちであったと認め、これらの措置を実施したのです。

このこと一つとってみても、日本政府の朝鮮学校及び民族団体への敵意に満ちたかのような対応はいかに世界の常識からかけ離れたものであるかが分かるでしょう。

また、下村大臣らはこの間、アメリカンスクールで東京大空襲や原爆投下をどう教えているかや、中華学校で日中戦争や南京大虐殺をどう教えているか、などといったことは全く問題にしないにもかかわらず、朝鮮学校にのみ、その教育内容に難癖をつけてきました。これは単に差別であるだけでなく、「学問の自由を尊重」(第二条)する教育基本法や「私立学校の特性にかんがみ、その自主性を重んじ」

（第一条）、所轄庁による授業の変更権限を認める学校教育法第一四条については私立学校（専修学校、各種学校も含む）には適用しない（第五条）と規定する私立学校法にも違反しています。このような差別的干渉こそが、まさに教育基本法が禁じる「教育への不当な支配」（第一六条）と言えます。

## 地方自治体の補助金問題等にも波及

このような不当な干渉、そしてあからさまな差別処遇は政府のみならず地方自治体に拡散し、大阪府、大阪市、東京都、埼玉県、千葉県、宮城県、水戸市、神奈川県、福岡市、広島県、広島市、山口県、仙台市、新潟県、四日市市、下関市等が補助金を既に打ち切るという事態になっています。

また、２０１３年４月はじめには、町田市が同市にある西東京朝鮮第二幼初級学校へ他の私立学校同様、従来から配布してきた携帯用の防犯用ブザーを、今年度より配布しないと教育委員会が「市民感情」の名の下に一方的に通知してくるという問題も起こりました。この問題に対しては、市民をはじめとする多くの人からの抗議が殺到、また、マスコミ各紙もその多くが批判的に報道したことにより、数日内に市教委が方針を撤回、配布継続となりました。しかし、その後は配布反対の立場からの抗議が、脅迫まがいのものも含め同市役所に殺到したといいます。

法務省人権擁護局のホームページでは、「主な人権課題」の一つとして「外国人の生活習慣等を理解・尊重し、偏見や差別をなくしていく必要があります」とし、「平成14年9月の日朝首脳会談において、北朝鮮側が拉致の事実を正式に認めたことなどをきっかけに、在日韓国・朝鮮人児童・生徒に対する嫌がらせ、脅迫、暴行などの事件が相次いで発生しました。そこで、法務省の人権擁護機関は、在日韓国・朝鮮人児童・生徒が利用する通学路などにおいて、パンフレット・チラシなどを配布したり、ポスターを掲示するなどして、嫌がらせ等の防止を呼び掛けました」と書いています。実際そのような啓発ポスターが東京法務局等の名で作成されていますが、現在、この嫌がらせは民間にとどまらず、あろうことか本来その防止に努めるべき行政が率先して行う、もしくは2013年度から朝鮮学校への補助金を予算計上しないことを決定した神奈川県の黒岩祐治知事の「盾になり続ける気持ちがうせた」という言葉に象徴されるように、排外主義に染まった人々からの圧力に行政が屈する、あるいは同調するというような事態が進行しているのです。そしてそれは、新大久保（東京）や鶴橋（大阪）で「朝鮮人首吊レ毒飲メ飛ビ降リロ」「良い韓国人も悪い韓国人もどちらも殺せ」等のプラカードを掲げ、同様のシュプレヒコールを叫びながら練り歩く排外主義者らをますます増長させていると言っても過言ではないでしょう。

どんな外交上の問題も子どもたちを差別する理由にはなり得ません。まるで朝鮮学校の子どもたちを人質のように扱う現在の日本政府等のあり方は、人権感覚が麻痺しているとしか言いようがありません。

## 「一条校」と「各種学校」

そもそもこの「高校無償化」や補助金の問題は、単に現在の政治、外交問題を口実に子どもの人権侵害を行うことの誤りということだけでは語り尽くせない側面があります。もっと根の深い問題が、その背景にあるからです。

下村大臣は、「一条校」になればすぐにでも認められるから「是非、そういうことも朝鮮学校は考えていただきたい」と、この省令改悪を巡っての記者会見で繰り返し述べています（２０１２年12月28日、２０１３年2月19日）。

しかし、「一条校」、つまりは学校教育法上の一条で定義づける正規の「学校」は、同法によって検定教科書の使用を義務づけられ、またそのカリキュラムは、同法の施行規則により学習指導要領による縛りを受けます。おまけにその学習指導要領は「日本人を育成するため」という目的まで掲げているのです。

日本の検定教科書、また、カリキュラムを以て朝鮮語を習得することも、自民族や自国の歴史や文化も満足に学ぶこともできないことは明らかです。よって中華学校やインターナショナルスクールをはじめほとんどの外国人学校は「一条校」にはなっていないし、また、なろうとはしないのです。

例外として大阪と京都にある在日本大韓民国民団系の３校は「一条校」となっていますが、「一条校に変わった理由は、主に財政問題のため」だが、「各種学校とは違い、一条校は日本の学習指導要領に従わなければならないので、日本語で授業をし、日本政府の検定を経た教科書で教えなければならない。韓国語と韓国文化は、付随的に習ってみると、卒業生の中には韓国語を上手に駆使できない生徒もいる」（聯合ニュース・2013年1月29日）というように、韓国のマスコミでも民族教育を行うにあたっての制約性の問題が取り上げられています。同じ民団系でも、韓国からのいわゆるニューカマーが多数を占める東京韓国学校は、「一条校」ではなく「各種学校」のままであるのもこのような制約があるからです。

つまり多くの外国人学校は、現行の制度上では「一条校」になるわけにはいかず、学校教育法上の「各種学校」の地位に甘んじているのです（ただ、ブラジル学校の中には各種学校の要件すら満たすことができないところもあります）。

しかし、この「各種学校」とは、学校教育法の最後のほうの「雑則」という章（第一二章）に規定されたもので、これは自動車教習所等が認可されているようなカテゴリーに過ぎないものです。全日制の普通教育を行う外国人学校が、一般の学校（一条校）と自動車教習所のどちらにその実態が近いのか――前者であることは明白ですが、その法的地位は反対に後者と同じカテゴリーに封じ込められているのです。

それが故に、「高校無償化」制度導入以前は、「各種学校」である外国人学校は、国庫からの補助金を受ける対象からも外され続けてきました。地方自治体からの補助金も関係者の努力で一つ一つ実施する自治体を増やしてきましたが、それでも朝鮮学校への補助金額は、「高校無償化」排除等の問題が起こる２００９年の時点でも、その保護者に対するものも含めて、全国平均で日本の公立学校のおよそ10分の１、一般の私立学校と比べても３分の１から４分の１のレベルに過ぎませんでした。国庫からお金が出ていないのがこの格差の最大の要因であることは言うまでもありません。

それがために朝鮮学校は苦しい運営を強いられており、長年にわたり教職員たちは日本の学校と比べ極めて低い給与に甘んじ、保護者らは重い経済的負担に耐えてきたのです。

そして、やっと外国人学校も国庫補助の適用対象とした「高校無償化」制度ができることとなり、朝鮮学校関係者も同制度に大変な期待を寄せていました。しかしその期待は、今、完全に裏切られた状態となっているのです。

## １９６５年通達の〝思想〟

長い文教族としての経験を持つ下村文科大臣の「一条校」になればいいという発言が、こういった事情を全く知らずして発せられたものとは考え難いことです。そこからは、悪名高き１９６５年の文部事務次官通達に象徴されるある種の〝思想〟がかいま見えます。

１９６５年12月28日、文部事務次官から都道府県知事および都道府県教育委員会に出された通達「朝鮮人のみを収容する教育施設の取扱いについて」（文管振第二一〇号）には「朝鮮人としての民族性または国民性を涵養《かんよう》することを目的とする朝鮮人学校は、わが国の社会にとって、各種学校の地位を与える積極的意義を有するものとは認められないので、これを各種学校として認可すべきでない」と書かれています。

朝鮮人の民族教育は、日本社会にとって自動車教習所レベルの認可を与える程度の意義すらない、だから「各種学校」の認可すらするなと、その認可権を持つ知事らに指図しているのです。

同年に出された内閣調査室（現在は内閣情報調査室）発行の「調査月報」7月号には、この通達の意図するところがより赤裸々に述べられています。

「わが国に永住する異民族が、いつまでも異民族としてとどまることは、一種の少数民族として将来困難深刻な社会問題となることは明らかである。彼我双方の将来における生活と安定のために、これらのひとたちに対する同化政策が強調されるゆえんである。すなわち大いに帰化してもらうことである。……国家百年の大計のため、また治安問題としても、帰化を大々的に認めるとか、彼らの民生安定のための思い切った措置を取るとか、大乗的見地に立脚した政策が必要である。ここでも、南北のいずれを問わず彼らの行う在日の子弟に対する民族教育に対する対策が早急に確立されなければならないということができる」。

また「外国人は煮て食おうと焼いて食おうと自由」（『法的地位二〇〇の質問』京文社１９６５年）と本に書いたことで有名になった法務省参事官（当時）の池上努は、同じ本で「朝鮮人が日本人になるか外国人になるかの何れかに決め、その決めた方に徹底すること」をすすめ、外国人であることに決めた者には帰国を、「日本社会に定着しようとする人には帰化すること」を勧奨するとし、在日朝鮮人の子どもたちは、「日本の社会に定着する以上は、施設もよく教育内容も充実した日本の小・中学校に入れるべきもので、それがむしろ本人自身の将来の幸せである」、そして朝鮮学校に対しては「このような非合法学校は全く文部省の管轄外である。従ってこのような学校を閉鎖させるためには実力行使しか方法がない」とまで書いており、当時の佐藤栄作首相も「植民地を解放して独立したのだ、独立した教育をしたいのだ、こういうことであれば、それはその国においてなされることはいい。ここは日本の国でございますから、日本にまでそれを要求されることはいかがかと、かように思うのであります。はっきり申し上げておきます」(1965年12月4日参議院日韓特別委員会)と言っています。

1965年は日本が韓国と国交を結んだ年であり、それに当たり、在日朝鮮人への永住資格の保障問題が議論となり、「協定永住」資格が設けられることに決まります。この資格自体、在日朝鮮人の中で韓国の在外国民登録をした者のみに適用する、またその孫の代以降の保障は約束しない(1991年11月施行の入管特例法により、こういった線引きは無くなっている)という極めて不十分なものでしたが、この永住資格の議論に触発される形で、帰化促進論が省庁を横断する形で吹き出したのです。つまり永住資格を与えてしまうと外国人として日本に居座り続ける、それは許容できない、日本に居続けるなら日本人になりきりなさい、このような〝思想〟の下、1965年の文部事務次官通達は出されたのです。

各種学校としてすら認可されていない朝鮮学校が多いという当時の状況下で出されたこの通達の意向に反して、その後、各種学校の認可は進み、1975年には全ての朝鮮学校が各種学校の認可を得ています。さらに、日本政府によるとこの通達は、2000年4月の「地方分権一括法の施行により、いわゆる機関委任事務制度が廃止され、私立の各種学校の設置の認可は都道府県の自治事務となったことに伴い……現在は効力を失っている」(福島瑞穂参議院議員の質問主意書に対する答弁書。2000年8月25日)とのことです。しかしながら、この通達の効力は制度上無くなったにせよ、その〝思想〟自体は今日まで文科行政において連綿と受け継がれてきました。下村大臣の発言は、このことを雄弁に物語っています。

そして今、日本社会に潜伏し続けてきたこの〝思想〟が、「対北バッシング」に力を得て、またぞろ吹き出しているのです。埼玉県で補助金を2010年より止めている上田清司知事の「そもそも在日の三世、四世になっても日本国籍を取得しないことの方が違和感がある」(2010年1月19日、時事通信)、「私とすれば、基本的には在日の人たちは日本国籍を取得していただくのが理想と考えます」(2012年6月22日埼玉県議会における答弁)という一連の発言は何よりもそのことを象徴しています。

安倍首相をはじめ、下村文科相、上田知事、また上田知事同様、補助金を止めてきた橋下徹大阪市長や石原慎太郎前都知事がこぞって日本の過去の植民地支配や侵略戦争の正当化を図り、日本軍「慰安婦」問題などで問題発言を繰り返していますが、これは偶然の一致ではありません。

歴史を歪め、過去を美化し、再び戦争ができる国造りに励む者にとって、過去の罪科の証と言える在日朝鮮人は大変、都合の悪い存在と言えます。在日朝鮮人が自民族の歴史的体験を、代を継いで記憶し、朝鮮人としてあり続けようとすることは、そしてそれを担保する教育施設は、彼らの目には否定的なものにしか映らないのでしょう。

植民地統治下、「皇国臣民化政策」として推し進められ、朝鮮人の名を奪い、言葉を奪い、その魂までをも奪おうとしてきた同化政策は、このように戦後日本においても維持されてきたのです。

## 継続する植民地主義とヘイト・クライム

かつて福沢諭吉は「朝鮮国……未開国ならば之を誘ふて之を導く可し、彼の人民果たして頑陋《がんろう》ならば……武力を用ひてもその進歩を助けん」（時事新報・論説「朝鮮の交際を論ず」1885年）と述べ、新渡戸稲造に至っては「韓人生活の習風は死の習風なり。彼等は民族的生活の期限を了りつつあり。彼等が国民的生活の進路は殆ど過ぎたり。死は乃ち此半島を支配す」（「枯死国朝鮮」1906年）とまで言いきりました。この2人が、偉人として紙幣の肖像となっている、あるいはなっていたことが象徴するように、朝鮮侵略、そして植民地化をするにあたり、それを正当化するため吹聴された差別意識は、戦後の日本においても行政府や立法府によってその克服が十分に図られることはありませんでした。アメリカとまで戦争をしてしまった愚かさは総括されても、植民地支配、そしてそれを支えたイデオロギーは、まともに総括されず、過去との断絶は図られないままとなったのです。

植民地支配はとうに終焉を迎えたにもかかわらず、それを支えた〝思想〟やそこで行われた政策がなおも引き継がれている。この継続する植民地主義が、まさに差別、排外主義者を生み、ヘイト・クライムを起こす大きな要因であり、別の言い方をすれば、社会に不満を持ったり、自分の未来に閉塞感や不安を持ったりする者が、そのはけ口として何故に政府や大企業に向かわず、外国人、とりわけ朝鮮人や中国人に矛先を向けるかということの理由であると言えるでしょう。

２０１３年5月22日、国連の社会権規約委員会は日本軍「慰安婦」らに向けられるヘイト・スピーチ防止を訴えるとともにこの「高校無償化」制度からの朝鮮学校排除について「委員会は、締約国の高校教育授業料無償化プログラムから朝鮮学校が除外されていることを懸念する。これは差別である。差別の禁止は、教育のあらゆる側面に全面的かつ即時的に適用され、また国際的に定められたすべての差別禁止事由を包含していることを想起しつつ、委員会は、高校教育授業料無償化プログラムが朝鮮学校に通う子どもたちにも適用されることを確保するよう、締約国に対して求める」（社会権規約NGOレポート連絡会議訳）という強い是正勧告を出しました。その審査にあたり、日本政府は、先に挙げた「朝鮮総連との密接な関係」や「拉致問題に進展がない」ことを排除の「理由」として並べましたが、それは国際的には全く通用しない「論理」であることが露呈したとも言えます。

「高校無償化」問題については本稿執筆時である２０１３年8月現在、大阪、愛知、広島で裁判となっており、他の地域でも裁判が準備もしくは検討されています（大阪では補助金問題でも朝鮮学園が大阪府、大阪市を提訴しています）。日本の裁判所が政府におもねってその「論理」を認めてしまうのか、あるいは子どもを人質に取るかのような行為に、また民族教育の権利性を認めず同化を迫る政策に待ったをかける判断をするのか、多くの人が注視する必要があります。

朝鮮学校に対する差別政策を紐解くと、ヘイト・クライムは決して「迷える民衆」のみが行うものでもなく、為政者が彼らを「啓蒙」さえすれば解決するものでもないことがよく分かります。為政者自らが、まずその歴史認識を正し、法制度及びその運用上の差別を無くすべきです。朝鮮学校にひきつけて言うならば、普遍的権利として民族教育を保障し、さらには植民地期に奪われた言葉や文化を取り戻すという営為に対して原状回復義務を負う立場としての施策を講じるべきです。その第一歩として「高校無償化」排除等の不当な差別をただちに止めるべきです。

# 水平社博物館差別街宣事件

古川雅朗

## 水平社博物館差別街宣事件とは

水平社博物館差別街宣事件は、２０１１年1月22日午後1時すぎ、当時在特会の中心的幹部であったKという男が、奈良県御所市にある水平社博物館の目前の路上において、「穢多」「非人」といった被差別部落出身者に対する差別用語を確信的に用いた街宣活動を行ったという事件です。

Kがこのような街宣活動を行うに至った経緯は、次のようなものでした。

水平社博物館は、水平社運動の発祥の地である奈良県御所市において、被差別部落問題や水平社運動に関する資料や文化財を収集・保存・公開することにより、人権思想の普及及び啓発に資することを目的として設立された博物館であり、財団法人水平社博物館により運営されています（なお、財団法人水平社博物館は、後述の民事訴訟提起後の２０１２年4月1日に、「公益財団法人奈良人権文化財団」となりました）。

そして、同博物館は、前述の「人権思想の普及及び啓発」という設立目的から、こと被差別部落問題のみに限らず、ハンセン病患者やアイヌ民族等、その他の差別の問題や人権の問題についても、特別展示を実施するなどして積極的に取り扱っています。

２０１０年12月から翌２０１１年3月にかけても、同博物館は、「コリアと日本―韓国併合から１００年―」と題した日本と韓国・朝鮮との歴史的関係に関する特別展示を行い、その中で、日本軍の「慰安婦」問題等についても展示・解説を行っていました。

Kは、その展示・解説内容に歴史認識の誤りがあると主張して街宣に及んだのです。

しかし、街宣の内容は、表向きは博物館の展示内容に異論を唱えるという体裁であるものの、その実際は、マイノリティに対する差別意識をむき出しにした極めて醜悪なものでした。Kは、街宣において、「私は、ね、朝鮮人大っ嫌いでございます。見るのも嫌いなくらい朝鮮人大っ嫌いです」、「北チョンコ、ね、北朝鮮という国ありますね」等と発言し、また、「慰安婦」問題については、「慰安婦イコール性奴隷と言っているんですよこいつらはバカタレ（筆者注：前記特別展示において、「強制連行された女性の中には「慰安婦」＝性奴隷として、軍隊に従属させられ性的奉仕を強いられた人もいました」と記載していたことに対するものと思われます）。文句あったら出てこい。エッタども。慰安婦が性奴隷？　これねえ、すごい人権侵害行為ですよこれ。えー性風俗産業ね、自分が、性風俗産業で働くのが大好きだと、これが天職だと、喜んで性風俗で働いている女性に対して人権侵害ですよこれ」と主張し、さらには、水平社博物館及び被差別部落出身者についても、「この眼の前にあるエッタ博物館ですか、非人博物館ですか、……何かねえ、よく解らんこの博物館」、「エッタやら非人やら言うたら大勢集まって糾弾集会やら昔やっとったん違うんですか、出てこいエッタども、……お前らなあ、ほんまに日本中でなめたマネさらしやがって」、「いい加減出てきたらどうだ、エッタども、ねえ、エッタ、非人、非人、非人とは人間じゃないと書くんですよ、お前ら人間なのかほんとうに」、「エッタとは穢れが多いと書きます。穢れた穢れた卑しい連中、文句あったらねえ、いつでも来い」等と聞くに堪えない発言をおよそ数十分にもわたって行いました。さらには、Kは、この街宣の模様を別の者に録画させており、その動画を動画投稿サイト「ユーチューブ」に投稿しました。こうして、Kの差別街宣は、インターネット上で誰でもがその一部始終を閲覧できる状態にされ、拡散したのです。

## 民事訴訟による責任追及へ

これに対し、水平社博物館及び部落解放同盟は、いうまでもなく、このKの差別街宣を看過することはできませんでした。どのような手段で対抗すべきかについて検討を経たうえ、２０１１年８月、財団法人水平社博物館が原告となり、Kを被告として、差別街宣行為により受けた損害１０００万円等の賠償を求める民事訴訟を、奈良地方裁判所に提起しました。また、これとともに、各種市民団体からも賛同者が参加した「差別街宣を許さない奈良の会」が立ち上がり、裁判傍聴・支援をはじめとする運動に取り組んでいくこととなりました。

ところが、原告の代理人弁護士として怒りに燃えて訴状を作成した髙野嘉雄弁護士は、訴状を裁判所に提出してさあ審理はいよいよこれからという9月13日に亡くなられました。そこで、髙野弁護士の法律事務所に所属する筆者と、髙野弁護士の「盟友」である内橋裕和弁護士が、髙野弁護士の思いを引き継いで、この訴訟に取り組んでいくことになりました。

筆者がこの訴訟における原告側弁護士の立場を引き継ぐことになったとき、率直にいって、訴訟の行く末については多少の不安がありました。もちろん、Kの差別街宣行為自体については、到底許されるものではないと強い憤りを感じ、これを糾弾する訴訟に関わることには大いなるやりがいを見出していましたが、しかし、こと「民事訴訟」という舞台においていかなるかたちで勝訴判決を得ることができるのかという点については、いくつかの懸念があったというのが、正直なところです。

まず第一には、被差別部落出身者に対する差別言辞について、水平社博物館という特定の団体が損害賠償を求めることがどこまで認められるのか、ということでした。

民事訴訟においては、誰かの違法な行為によって損害が生じた、だからその損害が賠償されるべきだと主張する者は、原則として、その行為によって自らがどのくらいの損害を被ったかという「損害額」と「因果関係」を積極的に主張・立証しなければなりません。例えば、誰かに理由もなく殴られて顔に怪我をしたという場合、それによって治療費がかかったということは、行為によって発生した損害として比較的容易に理解できるでしょう。しかし、Kの街宣は、その内容を表面的にみれば、原告となった水平社博物館という財団法人に対する直接的な名誉毀損・信用毀損をそれほどは含んではいないとも言いうるものでした。あるいは、誤った事実を述べて水平社博物館の信用を貶めようとするというよりは、さらにレベルの低い、被差別部落出身者一般に対する侮辱の部分が多いともいえます。このとき、差別用語を用いて侮蔑されたからといって水平社博物館には具体的にどのような「損害」が生じたのかという問題があり得ます。

第二の点は、第一のそれとも関連しますが、Kの街宣が民法上「違法」と評価されるか、という点でした。

法律の世界では、言論についてはまず言論をもって対抗すべきであり、それについては可能な限りは違法として法的責任を問うべきではないという考え方があります。この理屈を一般に「対抗言論の法理」などといいます。基本的人権としての表現の自由の保障を重視するわけです。

先の指摘の繰り返しになりますが、Kの差別街宣の内容は、水平社博物館が行った展示における歴史認識を問う体裁をとりつつも、しかし、具体的事実を述べて水平社博物館の信用を貶めようとするというよりは、単に差別用語を用いて被差別部落出身者等一般を侮辱するというレベルの低いものでした（昨今社会的問題となっているヘイト・スピーチは、まさにそういうたぐいのものです）。それだからこそ、「差別は許されない」というまっとうな対抗言論によって対抗すればいいのだ、一方、レベルが低いといっても表現行為についてこれを違法とすることには躊躇があるというふうに、万が一にも裁判所が判断してしまわないかとも思いました。

なお、これらの点で参考になるのが、２００４年に石原慎太郎東京都知事（当時）が、フランス語について、「数勘定できない言葉ですからね、これはやっぱり国際語として失格しているのもむべなるかなという気がする」等と発言したことに対し、フランス人市民らがこれを不法行為であると主張して、同都知事及び東京都を被告として謝罪広告及び損害賠償を求めた民事訴訟の判決です。

２００７年、東京地方裁判所は、原告らの訴えに対し、同都知事の発言は「特定の個人に対するものではない上、これが真実でないことは明らか……したがって、このような発言がされたからといって、原告らを含む特定人の社会的評価を低下させることにはならない」、「……多分に配慮を欠いた発言であったということができる。しかし、不快感を与え、配慮を欠いた発言であるというだけでは、直ちに原告らを含むフランス語に携わる特定人の名誉感情を侵害するものとはいえない」等と述べて、請求を棄却しています（その後、原告側からの控訴及び上告もいずれも棄却されています。）。

このような裁判例があることでもあり、今回の民事訴訟では、先に指摘した点について、当方の主張が裁判所に理解されるかどうかが問題でした。

## 訴訟で何を訴えたか

そこで、私たちは、民事訴訟においては、水平社博物館がこれまで社会的意義の高い人権啓蒙活動を行ってきたこと、そしてそれに触発された市民が多数いること等を、同博物館が発行してきたパンフレット類や機関誌等を証拠として提出することにより、裁判所に理解してもらおうと努めました。そして、そのような活動を行ってきたにもかかわらず、その目前であからさまに差別用語を用いた街宣をし挑発をすること等は、同博物館があたかもそのような差別を容認したかのような印象を広く世間一般に与えかねず、その存在意義・活動成果を貶めるなどと主張しました。

特に、これまでの同種あるいは類似の事件ではあまり問題とされてこなかったと思われた点は、差別街宣行為がまるごと録画され、動画としてインターネット上に出回ったという点です。これは、結局、世界中のあらゆる場所において、不特定多数の市民が、ごく簡単な労力で、当該差別街宣を疑似体験することができるということです。しかも、一度インターネット上に出回った動画は、別のところからリンクをつけられ、またそれ自体がコピーされることにより、情報としてはどんどん拡散していき、そうなればもはや全くなかったことにはできないという「後戻りのきかなさ」を有します。そのようにして拡散された動画を見た市民の中には、差別街宣に感化されてしまう者も出てくるかもしれません。そして、そのとき、対抗言論が機能するとは限りません。差別街宣動画が当初のそれとは異なる表現の「場」にまで拡散している可能性がある以上、その市民が差別街宣動画とともに、差別された側の対抗言論にも必ず触れるとは限らないからです。

そのような状況を野放しにすることは絶対にできない、そのような場所として水平社博物館の目前が利用されていることは絶対に黙認できないという強い思いが、当方にはありました。

一方、Kは、訴訟の場では、当該の街宣行為を行ったことや、それを「ユーチューブ」にアップロードしていることについては、特に争いませんでした。これは、当然の態度でしょう。Kは確信的に差別街宣を行い、しかも、それをインターネット上で誰もが視聴可能な状態に置くことで、自らを誇示することが目的だったからです。Kは、代理人弁護士をつけないまま自ら訴訟に対応し、当該の街宣行為は差別的意識を持って行ったものではないと主張したり、「慰安婦」問題に関する歴史認識について議論をふっかけてきたりしましたが、当方の主張に対するまっとうな反論とはいい難いものでした。

## 迅速審理から勝訴判決へ

訴訟は、第一回期日が2011年10月に行われた後、合計4回の期日で結審しました。おそらく、裁判所は、街宣行為という事実関係にほとんど争いがない以上、長々と審理を行う必要はないと判断したものと思われます。証人尋問等は一切行われませんでした。

そして、2012年6月、奈良地方裁判所は、当方の主張を概ね認め、Kに対し、損害賠償として150万円の支払を命ずる判決を言い渡しました。

その理由として、奈良地方裁判所は、Kが「穢多」や「非人」といった言葉を用いて街宣行為を行ったことや、その動画を「ユーチューブ」に投稿していることを認定したうえで、「上記文言が不当な差別用語であることは公知の事実であり、原告の設立目的及び活動状況、被告の言動の時期及び場所等に鑑みれば、被告の上記言動が原告に対する名誉毀損に当たると認めるのが相当である。」としました。さらに、損害賠償の額については、「……被告の不法行為となる言動はその内容が原告の設立目的及び活動状況等を否定するものであり、しかも、その時期、場所及び方法等が原告に対する名誉毀損の程度を著しくしていることなどの事情に鑑みれば、被告の不法行為によって原告に生じた有形、無形の損害は相当大きなものであるといわざるを得ず、これに対する慰謝料は150万円が相当である。」としました。

原告である財団法人は、この判決の判断を高く評価し、控訴をしないことを決めました。一方、被告であるKの方も控訴をせず、したがって、判決は翌7月初めに確定しました。

この判決の意義は、大きくいって2点あると筆者は考えます。

第一に、ヘイト・スピーチに対して民法上の不法行為責任を追及するという手段がともかくも認められたということです。

後に述べるように、あらゆるヘイト・スピーチについてこのような手段が常に有効かというとそれはまた別問題とも思われますが、しかし、「穢多」や「非人」という言葉について「不当な差別用語であることは公知の事実」と述べている点などは、他の差別用語についても、それらが歴史的事実の記述や、あるいは学術的検証の中で、反差別の立場から用いられているものでない限り、原則として民法上違法な表現であると判断されることに繋がるとも考えられます。

第二に、同種の事案と比較して、認められた損害額が比較的高額であるということです。

奈良　水平社博物館

筆者にとっても、率直にいって、１５０万円という認容額は、弁護士としてのこれまでの経験に照らした事前の見込みを上回る金額でした。前述のとおり、われわれは、Kの差別街宣行為によって水平社博物館の存在意義が毀損されたと主張しましたが、これはもちろん無形の、具体的に立証することは困難な損害であり、例えば実際に入館者数が減って博物館の収入が減少するとかいうこととはまた別の話です。そして、わが国の民事裁判では、この種の無形損害についての裁判所の評価額は、当事者の思いに比べれば極めて低いのが通常です。そのことについては、損害賠償を命じてもその賠償額がとるに足らないようなものであれば、そのような不法行為の抑止力にはならないと批判されることも少なくありません。そのような中、裁判所がこのような判断をしたことは、現状の民事裁判においてはなかなか思い切った態度であったとも感じています。

判決が確定した後、当方は、判決に基づいてKに対し損害賠償金の支払を求めましたが、Kは「月1000円ずつの分割でしか払えない」などと不誠実な態度でしか応対しませんでした。また、自らインターネット上にアップロードした動画の削除についても応じませんでした。そこで、当方は、Kの財産関係を調査したうえ、強制執行に及びました。これにより、判決で命じられた損害賠償金は、2012年12月に至って、遅延損害金等も含めて、全額、Kの財産から回収することができました。また、「ユーチューブ」上の動画についても、当方からサイト管理者に対する申し入れにより、最終的には、削除され閲覧が不可能となりました。

## ヘイト・スピーチに対し民事訴訟という手段は有効か

こうして、水平社博物館差別街宣事件については、民事訴訟としては一応の区切りがついたわけですが、筆者にとっては、これまであまり法的に問題点を捉えることのなかった「ヘイト・スピーチ」について、色々と考えさせられる機会となりました。

まず、冒頭にも述べたところですが、民事訴訟（損害賠償請求訴訟）という手法でヘイト・スピーチの責任を問うことの限界です。今回、裁判所は、原告となった財団法人の損害を認めたわけですが、では他のヘイト・スピーチについて同様の手法をとり、誰か（どこか）が原告となって損害を主張することが常に可能でしょうか。また、民事訴訟を提起するにも決して少なくない費用がかかりますし、手間もかかります。そのような点も含め、なお、誰か（どこか）が当事者として損害賠償を請求していくという手段がどのような事案においても成り立ちうるか、有効か、難しいところです。

たとえこの点はクリアできるとしても、民事訴訟には、原則として金銭による賠償を求めることしかできないという限界もあります。すなわち、例えば資力を有しない者（あるいは、逆に、十分以上の資力を有する者）にとっては、金銭の支払を命ずる判決がなされたとしても実質的には痛くもかゆくもないという状況があり得ます。結局、金銭の支払を命ずる判決は、ときに実効性があるとは限らず、そのような場合には、ヘイト・スピーチに対する抑止力とはならないことも想定されるのです。

加えて、差別表現がインターネット上でなされた場合、一度拡散してしまったものを完全になかった状態にすることは事実上不可能と思われます。

一方で、現在の法制度のもとで他の有効な対抗手段があるかというと、必ずしもないというのも事実です。ヘイト・スピーチがその態様を問わず常に名誉毀損、侮辱、脅迫あるいは威力業務妨害等の犯罪に該当するとは限りません。また、街宣行為を禁止するとかインターネット上での表現を許さないとかいうこと、すなわち、事前規制についても、現状においては、表現の自由の保障との関係で難しかろうと思います。

ヘイト・スピーチについては、より直接的に、立法によりこれを処罰の対象とすることも検討に値するのではないかと、現在の私は考えるようになりました。もちろん、弁護士として、言論活動が権力によって安易に規制の対象とされる、特に刑事罰の対象とされるということについては、注意をしなければならないと私も思います。しかし、ヘイト・スピーチは、こと不合理な差別意識・憎悪感情を露わにするだけのものですから、そもそも民主主義や基本的人権の尊重といったわが国の憲法の基本理念とは相容れず、したがって、正当な言論活動としてその自由を保障する価値すらないものと考える余地もあるのではないかとも考えられます。実際、この本でも他のところで触れられていると思いますが、諸外国においてはそのような立法も現に存在します。

仮に立法をする場合には、これが濫用されて正当な表現活動まで規制・弾圧されることのないように、相当に慎重な議論が必要でしょうが、しかし、わが国も、そのような規制をすべきかどうか、さらに、人権侵害救済制度の導入のいかんも併せて、現実的に議論する必要がある段階に来ているのかもしれません。

ヘイト・スピーチについては、やはり、そのような法的規制の有無にかかわらず、市民社会が成熟することにより多様な市民の存在がごく当たり前に受け容れられ、それが何の力も持ち得なくなるということが本来あるべき姿であろうとは思います。ところが、現実をみてみると、在特会等ヘイト・スピーチを行っている集団は、その勢いを必ずしも衰えさせていません。そのような中で、今回の事件は、ヘイト・スピーチに対する法的な対抗手段としての民事訴訟の現時点における「可能性」と「限界」をいずれも示しているものと思います。

# フジテレビデモからロート製薬攻撃へ
## 金泰希バッシングにみる「嫌韓」流と嫌「韓流」の合流

岡本雅享

### 韓流を文化的侵略と煽るコリアノフォビア

愛国を名のる過激な批判がネットのオンライン世界から現実のオフライン世界へ溢れ出し、狭隘なナショナリズムの攻勢に社会が萎縮し始めている。２０１２年1月、ＪＴＢパブリッシングは、２００5年に出した『韓国鉄道の旅』掲載の地図に「東海（日本海）」があったことに対し20件の抗議が寄せられたとして絶版を決め、流通していた約１０００部を回収した。２０１２年5月には、新宿のニコンサロンで開催予定だった元従軍慰安婦に関する写真展に対し、ネット上で「売国行為」といった批判が飛び交い、ニコンにも抗議電話が寄せられ、ニコンが中止を決めた（6月、東京地裁が会場提供を命じる仮処分を出す）。いずれも韓国がらみの話だ。韓国（人）を日本（人）の誇りを傷つけ貶める存在とみなし、病的に嫌悪・憎悪するコリアノフォビア（Koreanophobia）と呼ぶべき現象が、日本で広がっている。

内閣府が毎年行っている世論調査で「韓国に対して親しみを感じる人の割合」が、2011年10月の62・2％から2012年10月の39・2％へ激減した。李明博《イミョンバク》大統領（当時）の独島《トクト》＝竹島上陸（8月10日）と天皇をめぐる発言（8月14日）による影響が大きいとみられるが、その前年からネット世界で膨張し現実世界へとはみ出した「嫌韓流」の拡がりが、ベースにあったと思われる。華人文化圏を皮切りに世界に広まった漢語「韓流」に対する「嫌韓流」は、2005年以降のシリーズがミリオンセラーとなった『マンガ嫌韓流』（晋遊舎）が広めた日本独自の言葉だ。2013年、東京や大阪のコリアタウンで行われた「朝鮮人ハ皆殺シ」など、ジェノサイド（集団虐殺）を提唱する街宣活動に何度も参加し、ツイッターでも「劣等民族」などと在日コリアンへの誹謗を発信し続けているという20代の会社員男性は、知識の仕入先は高校生の頃に読んではまった『マンガ嫌韓流』だと語っている（石川智也「『表現の自由』って何だ――ヘイトスピーチを考える」『朝日新聞デジタル』2013年5月3日）。板垣竜太「『マンガ嫌韓流』と人種主義」（「前夜」2007年4月号）は、このマンガの内実は、タイトルがイメージさせる韓流ブームを揶揄する「嫌・韓流」などではなく、「韓」とつく様々なものが嫌いという「嫌韓・流」のヘイト本だと指摘する。

2011年から12年にかけて、この「嫌韓」主義と嫌「韓流」が合流する現象が生じた。韓流を文化的侵略と煽るコリアノフォビア――フジテレビ抗議デモからロート製薬攻撃へと連なる金泰希《キムテヒ》バッシングである。

## 合流した「嫌韓」流と嫌「韓流」

「SPA」（扶桑社）2012年10月23日号の「一般女子の右傾化が止まらない！」は、2011年夏の「高岡蒼甫ツイッター事件」を契機とし、2ちゃんねるの中国や韓国に関する書き込みに触れて衝撃を受け、「韓国は間違った歴史を教えて日本を悪者にしている、許せない」「反日韓国人がテレビ局を操作している」と信じ始めた女性が多いとしている。

2011年8月から9月にかけ東京で数千人規模のフジテレビ抗議デモが起こった。発端は7月下旬、男優・高岡蒼甫がツイッターで放った「8（フジテレビ）は今マジで見ない。韓国のTV局かと思う事もしばしば」「ここはどこの国だよって感じ。気持ち悪い！……洗脳気持ち悪い！」「韓流って言葉すごく怖い」という書き込みだった。別冊宝島編集部『嫌「韓」第二幕　作られた韓流ブーム』（宝島社・2012年）は、デモは「フジテレビが韓流ドラマ偏重の番組作成をしていることへの異議申し立て」であり、「韓国が、韓流ドラマやK‐POPによる文化で、日本に対して間接侵略をしていることへの警鐘」だったと記す。8月21日の6000人デモを取材した安田浩一は『ネットと愛国』で、幼児を抱えた母親やごく普通に見えるカップルが「生理的に韓国の番組が嫌い」「日本が貶められている」「韓国に日本のテレビ局が乗っ取られる」「テレビ局は愛国心が足りない」「日本人にふさわしい番組をつくるべき」などと口々に語ったことに、非常な怖さを感じたと書いている。

一連のフジテレビ抗議デモ（8月7日2500人、8月21日数千人、9月17日2600人、10月15

日550人）が具体的な成果を挙げられない中、主催者たちはフジテレビに揺さぶりをかけるべく、その大手スポンサー花王に対する不買運動も起こした。その花王がスポンサーのドラマチック・サンデー（日曜夜9時のドラマ）で10月から始まった「僕とスターの99日」の主演が韓国人女優・金泰希だったため、同月のデモは金泰希バッシングに染まった。金泰希は2005年、スイスで独島キャンペーンを行った「反日女優」であり、それを起用するのは親韓反日企業の証だと批判するブログや書き込みがネット上で爆発的に拡がった。ネット世界では「（女優を隠れ蓑にして）世界各地で独島は韓国の領土だと主張し続けている反日工作員」という金泰希像が創り出され、彼女が「日本は嫌い」「日本人は醜い猿、世界で一番卑しい民族」などと言ったという「金泰希語録」まで捏造して憎悪を煽る者も現れた。

だが彼らが散々「低視聴率」「惨敗」と喧伝した同ドラマも、それまでのドラマチック・サンデー5作品中、最終回の視聴率3位、平均視聴率も9作品の平均を上回る成績だった。同じ2011年秋から日本で放送が始まった金泰希主演のドラマ「マイプリンセス」も好評で、同年12月17日、国立代々木競技場で行われた「マイプリンセス・クリスマスコンサート」には2万人を超えるファンが集まり、ネット上の「排韓言論」が実社会に影響を与えるまでには至っていないかにも見えた。こうして一連の「排韓運動」が具体的成果を挙げられない中で、苛立つ彼らが次のターゲットにしたのがロート製薬である。

2012年2月、ロート製薬が化粧品「雪ごこち」のCMに金泰希を採用することがわかると、例文を作ってロートへの「抗議」を呼びかける者が現れ、2月中旬から「抗議」電話やメールが殺到。同月19日には、島根県が定めた「竹島の日」(2月22日)にあわせ浅草で行われた数百人規模の反韓デモで、主催者がロート製薬糾弾を打ち出すに至る。翌20日、ロート製薬は21日に東京都内で金泰希が来日して行う予定だったCM発表会見を、不測の事態や安全性を考慮して中止した。

フジテレビデモ以来の初の「成果」に、ネット上では「まさかの大勝利!」など歓喜の書き込みが飛び交い、彼らの行動がエスカレートしていく。3月に入って予定通り「雪ごこち」のCMが始まると、ネット上にはロート製薬への誹謗中傷があふれ、電話や会社前での街宣「抗議」活動なども仕掛けられていった。街宣に参加した「外国人犯罪追放運動」最高顧問・瀬戸弘幸は自身のブログ「日本よ何処へ」で「反日女優キムテヒを、自社製品のイメージガールに起用したロートは、朝鮮勢力に加担する許すことのできない反日国賊企業」(「ロート製薬の反日CMキャンペーン」3月5日)であり、「手痛い代償を払わせせなければならない」(「反日女優起用のロート製薬に波状攻撃!」3月14日)と書いている。

そうした活動の一環として3月2日、元在特会(在日特権を許さない市民の会)幹部の西村斉(京都支部長)と荒巻靖彦(チーム関西代表)、同会カメラマンの松本修一と同会メンバーの三好恭弘の4人がロート製薬大阪本社の社内に入り、「金泰希は世界各地で独島は韓国の領土だと宣伝している反日政治活動家であり、女優ではない」という理由で竹島に関する同社の見解の表明を強要し、嫌がる職員の顔を映しながら、その一部始終をインターネット上で流した。西村らが自分達は「日本国民の代表として来ている」と言い、「お前とこが日本政府の見解にある竹島は日本の領土を答えへんから来たんやないかい！　バカタレが！　アホ」などとどやしつける様は、今もインターネット上に流れている。西村らは2012年3月19日にもロート製薬本社前で街宣を行い、「日本の国、貶める人間（金泰希）コマーシャルに使っとるから怒っとるんや」「外国やったらここ爆破されとるぞ」「スーパー、薬局のロート製品、全部ひっくり返して燃やされるぞ」「目にもの見せなあかんのか、お前らぶち殺すぞ！」などと、騒ぎ散らした。

こうした直接行動と前後し、2月下旬から4月にかけて、アマゾンの「雪ごこち」のカスタマーレビューには「見事にかぶれた。日本人の肌には合わない」「朝鮮人向けの商品」といった人種主義的な書き込みや、「CMでキムテヒを見ると気分が悪い」「ロート製薬は、日本の日本人のための企業ではないのか」といった製品とは無関係な書き込みがあふれた。

ロート製薬は4月、警察に被害届けを出し、大阪府警は5月10日、西村らを強要容疑で逮捕、同月30日に起訴。大阪地裁は、西村らが金泰希をCMに引用したことに因縁をつけて竹島に関する会社の見解を無理に回答させた行為は、「他者を傷つけることを顧みない犯行」で「放置すれば社会に対する深刻な脅威となりかねない」として、三好に懲役1年・執行猶予3年（11月1日）、西村に懲役1年の実刑（12月18日）、松本に懲役1年・執行猶予4年（同月21日）、荒巻に懲役1年6月の実刑（2013年5月1日）判決を言い渡した。

彼らの活動を「言いがかり」とした逮捕や判決報道に対し、「竹島は韓国のものと世界中で吐き散らす反日活動家キムテヒ……を使うなと当然の要求をしただけ」で「言いがかり」ではない（大阪地検が西村らを起訴した5月30日の「排外社」声明「売国企業に物言えぬ日本になるな」）、「キムテヒは韓国政府の独島キャンペーンで世界中を回り訴えていた反日女優であり……事実があるのに言いがかりとは全く理解できない（大阪地裁が三好に判決を下した11月1日の瀬戸ブログ「反日女優を起用しなければ、何事もなかった」）とする反発がネット上で広がった。だがこの事件の根本的問題は、まさにその反韓意識に基づく言いがかりにあった。

## 反日女優という虚像

金泰希が独島キャンペーンに関与したとされるのはこのロート事件の7年前、2005年のスイスの1件限りで、「世界各地で」「し続けている」というのは、全くの嘘だ。この1件の実態も、彼らが言うような話ではない。

2005年2月、スイス政府観光局が金泰希と俳優の弟をスイスフレンズ（親善観光大使）に選び、2人は5月上旬スイスを訪問したが、直前の4月下旬になって突然、韓国内の複数のメディアが「金姉弟がスイスで独島守護キャンペーンを行う予定」と報じた。同キャンペーンは、スイス政府観光局が韓国の独島守護運動を支持して韓瑞両国の交流を進める目的で主導するものだという、あり得ない報道の中で、金姉弟とスタッフ一同はスイス政府観光局が大量に購入した独島Tシャツを着てスイス入りし、同観光局主催の歓迎晩餐会で独島領有権問題を喚起し、10日間の滞在中、インタビューやパレードを通じて独島キャンペーンを積極的に行う「予定」だとされた。この国際関係上あり得ない報道を事実とするなら、批判の矛先はまず、主導者たるスイス政府に向かうはずだが、スイス批判など起こっていない。そもそも報道が事実なら、２００５年に日瑞間で外交問題となったはずだし、スイスフレンズは韓国人をスイス観光に誘うためスイス政府観光局が行う事業だから（イメージビデオ・写真等の撮影がメイン）、独島キャンペーンを織り込める性質のものでもない。

スイス訪問直前の「予定」報道は、観光局からスイスフレンズの広報担当を請け負い、Tシャツも制作していた広告会社ＧＩＧＯが流したものとみられる。当時の一連の報道を含め、金泰希自身が直接「独島は韓国の領土だ」という旨の発言をしている映像等の記録はどこにも存在しない。ネットでよく使われている、赤い服を着た金泰希が笑顔で「独島が韓国領だと積極的に知らせる予定です」と語っているように見える画像も、２００５年2月17日のスイスフレンズ任命式の映像を使って、ＹＴＮスター・ニュースのアナウンサーが１人で話している、同年4月20日のニュース映像に字幕をつけたものにすぎない。

そこでその信憑性を裏付ける根拠として使われ始めたのが、２０１１年10月半ば、ネット上に無断で貼り出された「アジアの観光をスイスにプロモートすることを目的とし」て入国した金泰希が「観光局の同意なしに上述のTシャツを着用したため、のちに同局はキム氏に強く抗議をしている」という文面のスイス大使館文化部職員のメールだ（貼り出されたのは返信の一部で「上述」の部分はカットされている）。ネット上で物議をかもしたこのメールに着目したJ-CASTニュースは関係者に取材し、２０１１年10月26日付けの記事、「韓国女優ドラマで『竹島』『日本海』表記」で、在日スイス大使館文化部は、金泰希は同意なしにTシャツを着たため観光局が強く抗議したと答えたが、当のスイス政府観光局ではTシャツは着ていなかったと説明しており、同局によれば、金泰希は韓国の観光客をスイスに呼び込むプロモーションビデオ撮影などのため観光大使としてスイス入りしたが、チューリッヒ空港で「政治的なメッセージのあるTシャツ」を持って配ろうとして、韓国支局の職員に制止されたと報じている。だが、金泰希バッシングを行う者たちは、この情報を無視した。

さらに、片山さつき参議院議員が２０１１年11月17日の参議院総務委員会で、民間放送連盟の専務理事を参考人として呼び「キム・テヒは韓国の独島愛キャンペーンのキャンペーン女優」で、それが日本の代表的な民放のドラマの主役として出ているのは、竹島の不法占拠を正当化するメッセージを与えると批判したことで、金泰希バッシングは新たな公的お墨付きを得た。その後のデモ等では「国会で国会議員が名指しで批判した反日女優」という枕詞がつくようになる。

「雪ごこち」のＣＭが始まり、ロート製薬攻撃が佳境に達していた２０１２年3月12日、スイス政府観光局日本支局は「スイス大使館からのコメントとして流出しているメールは、同大使館に寄せられた個人からのメールへの返信で、誤解を招いた」として、アジア太平洋地域統括局長名のコメントを発した。同支局長が当時金泰希に同行していた同局韓国支局の職員に確認したところ、金泰希がスイス滞在中「独島は韓国の領土だ」という旨の発言を行ったこともTシャツを着ている姿も確認されておらず、空港でTシャツを配ろうとしたのは事実だが、当該韓国局の韓国人職員が制止したので実際は配られておらず、金泰希のスイス滞在中の政治的といえる活動はこの1件のみだったという。それが、「訪問中、キムテヒ氏が関与した政治キャンペーンは、スイス政府観光局が感知した時点で即座に中止された」とするアジア太平洋地域統括局長名のコメントが意味する実態だった。

在日スイス大使館はもともとこの問題には関係がなく、担当者が一市民から問い合わせを受けてスイス政府観光局日本支局に尋ねて返信を書いただけで、実際のところは分からないという。現在、同大使館文化部はこの件についてのコメントは控え、従前のコメントに違いがあるなら観光局の方に従ってほしいと答えるようにしている。スイス政府観光局日本支局長は、在日スイス大使館員の個人への返信メールが、担当者名を含めネット上に流失したのは遺憾だとしている。

だがその時点で、ネット情報に踊らされた国会議員の発言で国会議事録にまで刻まれた金泰希＝「独島愛キャンペーンの女優」像は、活字メディアにも現れるようになっていた。

## ネット情報に躍らされるオフライン＝現実社会

別冊宝島編集部編『嫌「韓」第二幕』は、第1章「フジテレビに進撃せよ！」の漫画で、金泰希が

2005年、韓国親善大使としてスイスを訪問した時、①竹島を韓国の領土〝独島〟だと主張するキャンペーンを展開している、②スイスで〝独島愛キャンペーン〟を行うことを発表した際の弟の俳優イ・ワンとの写真も残っている、③同キャンペーンでは宣伝用のTシャツも配られた、の3点を根拠に、「金泰希のキャンペーンは韓国の親善文化大使として行われた公式なものだ」とし、「なんでフジテレビはよりによってこんな反日女優を使うのよ!」と女性キャラクターに言わせている。だが①は前述のとおり、展開などしていないし、②は2005年2月のスイスフレンズ任命式の写真だ。この2月の任命式で、独島がらみの発言があったという言説は、ネット上でさえも見当たらない。③のTシャツも前述のとおり配られてはいない。

ネット上で「金泰希が配った」ものとして貼り出されているTシャツが、国際キャンペーン用品でないことは、〝Korea never!! give up our ORIGINALITY〟という韓製英語で書かれた標語からもわかる。このTシャツを欧州で配っても独島キャンペーンにはならないと、イギリス人の同僚(英語教師)はいう。独島の文字も島の絵もない。欧州ではせいぜい何らかの「政治的なメッセージのあるTシャツ」(スイス政府観光局)としか受け取れないのだ。彼女がスイスで配ろうとしたのがこのTシャツなら、それは国際キャンペーンを意図したものではなかったことの証にしかならない。Tシャツの画像に重なるネットショッピングサイトのアドレスからは、このTシャツが韓国内市場向け商品だったこともわかる。広告会社がこのTシャツを国内で販売する上での話題づくりとして、スイスフレンズと絡ませ宣伝したのだろう。「スイスで配った」というため、金姉弟に空港で配らせようとしたのではないか。

『嫌「韓」流第二幕』は「韓流女優キムテヒは韓国内で〝独島守護天使〟の愛称で呼ばれている竹島不法占拠のシンボル」だと記している。だがこれは韓国のネチズンがオンライン世界でそう呼んでいるだけで、現実の韓国（オフライン）社会で公の機関が任命した称号などではない。韓国では独島問題で積極的に発言したりパフォーマンスを行う芸能人たちがいるが、金泰希はそうではないので、一般の韓国人にとって、日本で金泰希が独島がらみのバッシングを受けているのは意外なことだと韓国人の同僚はいう。

金泰希の韓国内での人物評は、真面目な優等生だ。ソウル大学出身の秀才だが、被服科で（外国人労働者の炊き出しボランティアなどはしているが）政治的な発言はしない。共演者や彼女自身の談話からも、現実世界の彼女の人物評価と日本のネット上の金泰希像のギャップの大きさに閉口する。日本には、友人が住む千葉での1ヶ月の滞在や家族との湯布院旅行を含め30回以上来ており、日本人作家・監督の小説や映画もよく鑑賞し、日本人の知人・友人も多い。数ヶ月かけて学んだ日本語で、撮影中も共演者らと日本語で会話し、「今後も日本で活動したい」という。その彼女が、「日本に行くのも嫌」「日本人観光客を見ると反吐が出る」「日本の報道機関の取材は受けたくない」などと言ったという「金泰希語録」がデマなのはすぐ分かる。しかし独島キャンペーンに関しては、彼女が日本でのバッシングを避けるため不用意に発言すれば、韓国内で芸能人としては命取りになるバッシングを受けかねないので、本人はこの件で明言できない状態にある。日本国内で彼女を擁護しようと「金泰希は親日的で、独島キャンペーンなど行う女優ではない」などと言ったら、それは韓国内で彼女の首を絞める結果になるという構造があるからだ。それに乗じてネット上の言論は、実社会における金泰希の評価とは全く異なる「反日女優」像を作り上げ、罵詈雑言を撒き散らし、彼女に対し病的な嫌悪を抱く人々さえ生じさせた。

金泰希は2011年3月の東日本大震災の直後、故郷の親族友人を心配する福島出身の日本語教師に同情して涙し、出演したドラマ「IRIS」のロケ地が東北だった縁もあって、1億ウォンの義援金を日本赤十字社に寄付した。東北（人）のために何もしない日本人たちが彼女を反「日」女優と罵って誹謗中傷するのは、歪なナショナリズムでもある。

## 捩れた人種主義と縮みゆく日本

ロート脅迫事件首謀者の西村と荒巻は、在特会の京都朝鮮学校襲撃事件（2009年12月）、徳島県教組乱入事件（2010年4月）で逮捕・有罪判決を受け、執行猶予中だった。そんな状況で、自らが脅迫・強要を行う様を、そのままネットで流すという、前代未聞の脅迫・強要事件はなぜ起こったのか。そこには、日の丸をかかげて「日本国民の代表」を名乗り、日本政府の見解を楯とする大儀に基づく行動は、多少荒っぽいことをしても不法行為にならないという思い込みがあったのではないか。草の根保守市民団体を名乗る人々が、やたら日の丸を手にして行進するのは、不法行為の免罪符になると思っているからではないか。

反日企業、反日メディア、反日弁護士、反日日本人、反日女優、反日教授……相手に反日というレッテルを貼ってバッシングを行う彼らが、ロート事件で西村らが逮捕された時、インターネット上に書き込んだのが「愛国無罪」の四文字だった。「日本を守る」と言いながら、実は日本に守ってもらいたいのだと、その掲げる日の丸を見て思う。

それにしても、彼らのいう反日の日は何を指しているのだろう。島根県が竹島条例を制定したのは、もともと隠岐諸島の漁民たちからの陳情が原点といえる。だが2009年、ネットユーザー3000人を対象にしたアンケートで「あまり気にかけたことのない都道府県」の第1位に選ばれたのが島根県だった（「ガジェット通信」2009年5月21日配信記事）。竹島問題をめぐっては「バカの島根県が付け上がる」から「島根に漁業補償費はビタ一文渡すべきではない」といった書き込みさえ見える（2011年8月13日、rikon baka）。彼らは隠岐諸島の漁民や島根県のことを思って、竹島竹島と言っているのではない。無人の竹島には熱をあげるが、竹島条例の原点となった漁民たちの状況や島根県民の存在は眼中にない。彼らにとっての日本に「（い）なくてもいい」のである。

金泰希は2010年4月から9月、韓国ドラマとして初めて日本の地上波放送（TBS）ゴールデンタイム（夜9時）で放送されたIRISの主演で、日本における知名度を一気に高め、翌2011年の「僕とスターの99日」では、ソウル大学出身という韓国女優の中でも珍しい秀才ぶりを発揮し、全編にわたる膨大な台詞のほとんどを日本語でこなすという、韓国人女優初の試みを成し遂げた。今や韓国で最も人気のある女優の一人という地位に甘んじない、そのチャレンジ精神と努力は本来感歎・賞賛されるべきことだが、フジテレビデモの参加者らには、それが日本への突出した文化的侵略行為と映ったようだ。デモ主催者は「韓流の番組が増えすぎると、日本の芸能界が衰退していくのではないかという心配」があると語っている（『嫌「韓」第二幕』）。嫌韓流デモの参加者の目には、金泰希主演の韓国ドラマＩＲＩＳは地上波のゴールデンタイムを奪うものに、「僕とスター」での主演は日本ドラマの主役の座も「奪う」侵略行為に映ったようだ。

２０１１年8月、フジテレビに抗議文を送った「頑張れ日本全国行動委員会」の田母神俊雄会長は、同年10月発行の著書『間接侵略に立ち向かえ！』（宝島社）で、韓流ブームは外国の勢力が日本人の価値観や流行を左右しようとしている危険な事態であり、韓国人の価値観で作られている、韓国人が制作したドラマを見せられるのは間接侵略だと述べている。田母神は『嫌「韓」第二幕』でも、韓流ブームは「国民の価値観が外国に左右される」危険をもたらす「文化的な侵略」だと、自論をくり返している。

西村らの不法行為は処罰されたが、排韓運動は着実に成果を挙げている。２０１２年末のＮＨＫ紅白歌合戦では、２０１１年に3組出場していた韓国人歌手がゼロとなり、フジテレビの韓流コンテンツも減少している。金泰希は自身が「日韓の架け橋になれれば」との希望を語っていたが、その橋は断ち切られた。テレビでの登場頻度が異常に高い白人や西欧文明には無批判で、韓国ドラマや韓国文化関連の番組を売国的と批判する「捩れた人種主義」（白人に好意的で、同じ東アジア人を嫌悪する）

が拡大しつつある。

Ｊ－ＰＯＰや宮崎駿のアニメ映画が国外で受け入れられ評価されるのを喜びながら、Ｋ－ＰＯＰや韓国ドラマの流入は拒絶する内向き志向では、日本は世界から嫌われ、どんどん縮んでいく。自らの文化や伝統に本当の自信と誇りがある者は、外来文化の流入にうろたえたりはしない。自分の中に確固としたそれが見出せない人たちが、外来文化の流入に戸惑っているのだろう。「日本人は日本の伝統番組求めてます」（高岡）といいながら、伝統芸能の維持や発展に積極的に関わるわけではない。新潟県のある民謡団体の会長は、メンバーは高齢化する一方で、若い世代が継承してくれず、このままでは伝統が途絶えてしまうと嘆いておられた。フジテレビデモや韓国人女優バッシングをしている場合ではない。そんなエネルギーがあるなら、自分のルーツとつながる伝統を見出し、崩壊しつつある大事な伝統の継承発展に向けるべきではないか。

# アイヌ民族に対する差別

阿部ユポ

## 歴史の中のアイヌ民族

アイヌ民族は、日本人（和人）を、アイヌ語で「シ・サム」と呼びます。「良き隣人」という意味です。アイヌ民族は、何千年、何万年も、「アイヌ・モシリ」（北海道・東北北部・樺太・千島列島）に住み、アイヌ語を話し、自然とともに狩猟・漁撈・採集の生業を営み、交易の民として、アイヌ文化を育んできました。気の遠くなるほどの長い間、「良き隣人」として、日本人（和人）と文化の交流や、交易をして、生活をしてきました。日本の国家、国民はアジアにおいても、世界各国との交流においても、外国に広く門戸を開き、海外から文字、言語、宗教、文化、農耕、知識、技術、制度を取り入れた歴史があります。政治的、経済的、社会的に日本の生活や文化を発展させてきました。中国、朝鮮、東南アジア諸国との永い交流を語らずして日本文化の発展はなかったと思います。

日本の古い文献・「六国史」には、アイヌ民族を「蝦夷」と呼び、未開民族、野蛮な民族と書かれたこと、「蝦夷征伐」をしたとも書かれています。「蝦夷」の発想は、「中華思想・華夷思想」によるものと言われています。中華思想は、古代中国の考え方で、漢民族が古くから持ち続けた思想であり、中国が世界の中心であり、その文化・思想が最高のものであるとする思想です。漢民族とは異なる周辺の異民族を、愚かで、秩序もない、文化の遅れた未開・野蛮民族としたのです。朝鮮、日本などの東方の国を、「東夷《とうい》」と呼びました。西域の国を、「西戎《せいじゅう》」と呼びました。東南アジアなどの南方の国を、「南蛮《なんばん》」と呼びました。蒙古などの北方の国を、「北狄《ほくてき》」とよびました。これらを「四夷」と呼びました。111年に「倭建命・蝦夷征伐」と「東夷の中……土地沃壌えて廣し撃ちて取るべし」あります。日本の大和朝廷・国家は、658年に遣唐使を派遣し蝦夷男女2人を連れて天子に謁したとあります。720年には、「征夷将軍」（夷を征討する将軍）を任命しました。後の「征夷大将軍」です。徳川幕府の最後の将軍徳川慶喜まで「征夷大将軍」でした。1189年、源頼朝は奥州藤原氏を滅ぼし、1192年「征夷大将軍」となり、鎌倉幕府を開きました。東北北部にいた「蝦夷・えみし・えぞ」を征討して、津軽半島、下北半島まで日本の版図《はんと》としたのです。戦いに敗れた蝦夷の豪族たちの一部は、津軽海峡を渡り蝦夷が島の南端海岸部（江差から松前、函館にかけて）に移り住んだのです。主な豪族たち12人は、12の「舘」を築きました。移住した豪族たちは、先住のアイヌ民族と交易をしたり、狩猟・漁撈・採集をして生活をしていました。

1456年、先住のアイヌ民族との間で戦争（コシャマインの戦い）になりました。翌1457年に終結しましたが、12の「舘」のうち、10の「舘」は陥落しました。残り2つの「舘」主、主に蠣崎家の武田信弘が中心になり移住社会を継続しましたが、その後100年間も戦争をしたとも書かれています。しかし和睦をしました。1550年、「夷狄の商船往還の法度」を制定したのです。本州社会と交易をしていた舘主たちは、交易の船から税金を取り、それをアイヌ民族に支払うことで和解したのです。中心になったのは、舘主の蠣崎家の3代目蠣崎季広でした。1578年には4代目の蠣崎正広が織田信長に謁しています。1590年には、5代目蠣崎慶広が豊臣秀吉に謁しています。1592年には秀吉の朝鮮出兵に応じて肥前名護屋に出陣しています。1593年には、豊臣秀吉より「朱印状」を賜っています。この朱印状には、重要なことが書かれています。「夷人に対し、非分（道理に合わないこと、非法行為）の義、申し懸けるべからず」とあり、此の旨に相背くならば、御誅罰をくわえるとあります。1604年、徳川家康は松前慶広（1599年家康に謁し、姓を蠣崎から松前に改めた）に「黒印状」を発して、「夷之儀は何処へ往行し候共夷次第に致すべき事」「夷仁（ママ）に対し非分の儀申し懸けるは、堅く停止の事」として、「若し違背の輩に於いては、厳科に処すべきもの也」と記しました。アイヌ民族は、異民族であり、異法地域であるので、アイヌ民族のことは、往来は自由であり、非分を申し付けてはいけないと発しました。

アイヌ民族は、日本人の知識の高さ、文化・教養の深さ、鎖国の中でも守り続ける平和主義に信頼をよせていました。しかし、松前藩の誕生、「商場知行制」・「場所請負制度」の創設による商人の進出、ロシアとの国境問題など、日本の国内情勢、周辺諸国との国際情勢の変化のなか、先住民族であるアイヌ民族への圧迫が強まりました。蝦夷地ではコメが取れないため、松前藩は無高大名でした。アイヌ民族との交易によってのみ藩の生活、経済を支えていたのです。蝦夷地の沿岸部を家臣の知行地（商場知行制・交易圏・交易権）として与える方法をとり、アイヌ民族と交易をしたのです。さらに本州から商人（主に近江商人・江戸商人）を連れてきて、商場を請け負わせる政策を始めました。これを「場所請負制度」といいます。商人は、本州から漁師、砂金掘り、鷹匠たちを大量に連れてきて、漁業、金掘り、鷹の捕獲を大量に行いました。交易相手だったアイヌ民族は労働力としてのみ徴用されました。松前藩の役人、商人の番人、漁業労働者、砂金掘り、鷹待らは男性の単身赴任者として、蝦夷地沿岸部の各地の場所に会所（運上屋）につめました。日本人・和人の定住者はいなかったことに注意をしなければなりません。この時の場所請負制度は、これまでのアイヌ民族政策を180度転換するものでした。交易相手だったアイヌ民族を、労働力にし、蝦夷地に封じ込めたのです。松前藩は商人に借金をしていくようになり、場所請負制度は商人の思うような制度にされ、松前藩は商人に口出しできなくなりました。商人は各地の請負場所においてアイヌの人別帳を作り、藩の行政的な仕事までもするようになりました。子どもたちも12〜13歳にもなれば、男も女も労働力として浜に連れて行って働かされました。結婚していて

国連で北海道先住民として報告に立つ筆者

小さな子どもがいても、夫婦は浜へ駆り出されこき使われました。夫婦を別々の所（浜・場所）へ派遣し、男は北へ、女は南へとして女性を役人、番人、単身赴任労働者の妾、慰み者としたのです。アイヌを奴隷のように酷使し1年間働かせて年末には、わずかなコメ、たばこなどを与えたといわれています。年を越すための自分稼ぎもできず、悲惨な状況におかれたことが記録されています。

アイヌ民族と松前藩の大きな戦争が2度（シャクシャインの戦い、クナシリ・メナシの戦い）起きました。松前藩の非道を怒った幕府は、蝦夷地から松前藩を福島に転封し、蝦夷地を幕府の直轄地としました。幕府は、ロシアとアイヌ民族の関係に気を遣い、アイヌ民族に対して、介抱・撫育の慰撫政策に出たのです。さらにアイヌ民族に対して、蝦夷三官寺（厚岸・国泰寺、様似・等澍院、有珠・善光寺）を創設し、仏教への帰依を奨励し、日本語、日本文化の奨励を図りましたが、アイヌ民族からは受け入れられませんでした。また幕府は松前藩の復領を許しました。松前藩は、北海道南端の渡島半島の中間地点に「関所」を設けて、「蝦夷地・アイヌ地」と「和人地・シャモ地」を区分して、アイヌ、和人の往来を厳しく制限し、アイヌ民族の「蝦夷地封じ込め政策」と言われました。場所請負制度の商人によるアイヌ民族の使役は過酷を極め、奴隷制度に近い非道なものであったことは、松浦武四郎の探査報告（後方羊蹄日記・蝦夷日誌・東西蝦夷山川地理取調日誌・石狩・天塩・夕張日誌・久摺日誌・納沙布日誌・知床日誌・竹四郎廻浦日記・近世蝦夷人物誌）に明らかです。「男女共12～13歳から、働ける者はすべてコタンから強制的に漁場に連行され、コタンの生活は徹底的に破壊され人口は激減し、あわや民族絶滅の瀬戸ぎわまで追い詰められた」「アイヌのうち少しでも見目よきメノコシ（女衆）があれば、二人でも三人でも自分の妾とした」と記録されています。

幕末には、ロシアとの国境交渉があり、アイヌ民族が日本国の属民であることを強調して、樺太は、雑居の地とし、南千島の国後・択捉島・歯舞・色丹・蝦夷地（北海道）を日本領として認めさせました。アイヌ民族の存在を、歴史的な経緯を持ち出すことによってロシアを納得させたのです。その陰でアイヌ民族は、日本国とロシアの狭間で、外交・国境交渉の道具としてもてあそばれ、樺太・千島のアイヌ民族の悲惨な歴史を刻むことになりました。アイヌ民族は、生活や権利を否定され、強制移住・強制同化政策による悲惨な仕打ちを受けたのです。

## 近代日本国家による差別政策

明治維新の近代国民国家に生まれ変わった日本政府は、かつてない非人道的な政策をとりました。明治天皇命で「蝦夷地開拓御下問書」を発しました。「蝦夷地の儀は皇国の北門、直に山丹満州に接し経界粗定といえども北部に至ては中外雑居致候処、是迄官吏の土人を使役するに甚過酷を極め、外国人は頗る愛恤を施し候より、土人往々我邦人を怨離し彼を尊信するに至る。一旦民苦を救ふを名とし土人を煽動する者之有時は、其禍忽ち箱館松前へ延及するは必然にて、禍を未然に防ぐは方今の要務に候間、箱館平定之上は速に開拓教導等の方法を施設し、人民繁殖之域となさしめらるべき儀に付、利害得失各意見忌憚無き申し出ずべく候事。」これがその後の北海道開拓の基本方針です。蝦夷地に「開拓使」を置き、蝦夷地を「北海道」と改めました。11か国、86郡を置きました。北海道は本来アイヌ民族の先祖伝来の土地であり、そこでアイヌ民族が独自の民族性を保って生きてきました。そのことに全く思いを馳せず、すべて大日本帝国の一方的な政策です。戸籍法を作り、アイヌ民族に日本式の姓名をつけ（創氏改名）、「旧土人」として戸籍を区別しました。

1871年明治政府は「開拓使布達」を発し、アイヌ民族の風俗習慣を禁止しました。「亡くなった人の居家を焼いて転住すること」・「女子の入れ墨」・「男子の耳輪」・「アイヌ語の禁止・日本語の奨励・文字の習得」。違反者には厳罰で臨むとしました。さらに1876年には、「風習の洗除」の布達を発しました。「旧土人従来の風習を洗除し教化を興し、漸次人たるの道に入らしめんがため……今に右様陋習之有り候ては……開明の民たらしむるの妨害と相成……自今万一違反の者あれば、巳を得ず厳重の処分及ぶべき……能此懲罰あるを戒置くべし」としました。同年、伝統的「狩猟・漁撈」の禁止通達を出します。主食としていたシカやサケも禁漁とされ、基本的生産手段が根こそぎ奪われたのです。また伝統的に利用してきた山・川・海での一切の活動を禁じました。アイヌ民族に対する、「エスノサイド（民族文化抹消政策）」です。

一方的に「アイヌ・モシリ」（樺太・千島・北海道）を「無主の地」として日本の国家に組み入れたのです。これは土地の収奪です。土地の収奪は「法制史」によるものです。明治政府は大きな法規を4本つくりました。「北海道土地売貸規則・地所規則」・「北海道地券発行条例」・「北海道土地払下規則」・「北海道国有未開地処分法」です。これらの法規にもとづいて、北海道の土地を、すべて「国有地・御料地」にしました。アイヌ民族が生活の場としてしていた山野（イオル＝狩猟・漁撈・採集・伐木のテリトリー）、住んでいる土地・居住地までも、開拓者に分け与えるために、国有地・官有地として取り上げました。開拓者には、一人10万坪（33町歩・ヘクタール）の土地を無償で与え、アイヌ民族には与えませんでした。日本語が話せない、読み書きができない、申請の書類が書けない。当たり前でしょう。アイヌ語を禁止し、アイヌ習慣、風俗、宗教、儀礼、文化を禁止しました。生業である、狩猟・漁撈・採集・伐木を禁止しました。家も建てられません。主食である鹿、鮭の禁猟・漁です。日本人に主食であるコメを作ってはいけない、食べてはいけないということと同じです。アイヌ民族に、食糧不足による大量の餓死者が出ました。ジェノサイド（集団殺戮・大量殺害）です。

明治政府は1899年「北海道旧土人保護法」をつくりました。しかし保護とは名ばかりで給与地に縛り付け、農業を強制し、他の漁業・林業等の職業から排除したのです。しかも和人には、32年間北海道の肥沃な土地を与え続けたのです。一人10万坪（33ヘクタール）です。アイヌ民族には、1899年になって初めて「旧土人給与地」として土地を与えました。一戸につき1・5万坪（5ヘクタール）です。和人は一人に対して、しかしアイヌは一戸（一家族）です。しかもその土地は山の中、がけ地、湿地帯、開墾不適地が多かったのです。さらに旧土人給与地は、質権の設定はできない。譲渡はできない。15年で開墾しなければ没収です。アイヌ民族は日本国民であり、法的には平等であるといいながら、「旧土人」として、このような差別的な土地の給付扱いをしたのです。終戦後

1948年「自作農特別措置法」で他人に貸与もしくは自作していないとして、多くの土地が没収・強制買収されました。現在残っているのは全給付面積の10%と言われています。

1901年北海道庁は「旧土人教育規定」を作り、アイヌ民族子弟のための「特設アイヌ学校」を作りました。「元来北海道旧土人は容貌言語全く異にして風俗陋習を免れず現今開盛業に際し従前の風習を脱し内地と共に開化の域に進み彼我の別なからしめんと欲す。意に内地人を遺りて風采を教るは、寧ろ移して荘厳の間に置くの易く、且速なるに若かずと」（黒田清隆開拓次官）。アイヌ学校では、アイヌ語やアイヌ文化に関する授業は全く行われず、他の日本人と同じ天皇の臣民化・皇民化教育の徹底でした。日本語を学ぶこと、文字の習得を強制し、アイヌ語を話してはいけないと厳しく取り締まりました。1910年、国際条約改正の都合から「外国人の土地所有権に関する法律」を制定し、日本国内における外国人の土地所有を許可する国内法の整備を行いました。明治政府は帝国議会における法案審議で、北海道が台湾、樺太同様日本の「植民地」である旨を明言しました。北海道は、1945年まで日本の植民地だったのです。翌1911年には、「膃肭獣保護条約（ラッコ・オットセイ）」を、米・露・カナダ・日本との間の国際条約として締結し、ラッコ・オットセイの保護をしました。このなかで「アリュート」・「インデイアン」・「アイヌ」を「aborigns・native」（先住民・土人）として位置づけ狩猟権を認めました。明治政府以来、1945年の終戦時まで日本政府はアイヌ民族を先住民族として認めていたのです。しかし日本政府は、戦後国連において国連報告書や国連演説の中で日本国内には、国連の定義に言う先住民族は存在しないとしてきました。1990年に初めてアイヌ民族を少数民族と認めましたが、我が国の憲法のもとですべての権利の享受を否定されていないとしました。ところが2007年の先住民族の権利宣言に賛成してからでさえも、当時の福田康夫総理大臣は国会において、「この権利宣言にいうところの先住民族にアイヌ民族は該当しない」と答弁しました。

日本政府がアイヌ民族を先住民族と認めたのは、翌2008年6月6日の国会でした。世界首脳が北海道に集い「洞爺湖サミット」が開催されるため、超党派の「アイヌ民族の権利を考える国会議員連盟」が結成され「アイヌ民族を先住民族とすることを求める決議」を国会に提出し、満場一致で採択されたのです。決議を受けて町村信孝内閣官房長官は、「政府としても、アイヌの人々が日本列島北部周辺、とりわけ北海道に先住し、独自の言語、宗教や文化の独自性を有する先住民族であるとの認識の下に、『先住民族の権利に関する国際連合宣言』における関連条項を参照しつつ、これまでのアイヌ政策をさらに推進し、総合的な施策の確立に取り組む」と考えを示しました。

## アイヌ民族に対するヘイト・スピーチ

アイヌ民族の歴史を勉強もせず、知ろうともせず、ヘイト・スピーチ（憎悪発言）を続けるレイシスト（人種差別主義者）たち。ヨーロッパやアメリカではヘイト・クライム（憎悪犯罪）として規制する法律があり処罰の対象です。国連の人権理事会、人種差別撤廃委員会なども憎悪発言を規制するよう各国に要請しています。

「アイヌ民族は、自然に日本国民に、大和民族に同化したんでしょう」と真顔で言う日本国民がほとんどです。もっと酷いのは「あなたはアイヌ？　アイヌ語話せるの、どういうところに住んでるの？なに食べてるの？」「北海道は日本の国です、地名はすべて日本語ですよ、札幌、函館、旭川、釧路……。未開の地を開拓して切り開き、道路を作り、畑を作り、町や村を作り、この日本に住まわせてやっているのに、恩を感じないで、アイヌの土地だとか……。犬も3日飼ったら恩を忘れないのに、いやなら出て行ってください……」

「コシャマインの戦いは、アイヌ民族と和人の戦いではなく、和人の舘主同士の戦いである」「シャクシャインの戦いも、アイヌ民族同士の戦いで、だまし討ちをしたのはシャクシャインの方」「樺太・千島のアイヌ民族強制移住は、アイヌ民族が望んだことである」「北海道旧土人保護法はアイヌを近代文明生活に導く法であり、アイヌが国会に陳情した結果である」「アイヌは国連宣言の該当者ではない」「国会決議は日本の歴史的事実に反した野蛮国宣言である」

しかたがありません。学校の教育では、小学校、中学校、高校、大学、教師になった先生もアイヌ民族の歴史は教えられていないのです。本当の歴史を教えるのは国家の責任です。

歴史を歪曲し、事実を伝えないのは犯罪です。2007年9月13日国連総会は「先住民族の権利に関する国際連合宣言」を我が国も賛成する中で採択しました。宣言の第8条・第2項に、「国家は以下の行為について防止し、是正するための効果的な措置をとる」とされ、さらに（e）として「彼／女らに対する人種的または民族的差別を助長または煽動する意図をもつあらゆる形態のプロパガンダ（デマ、うそ、偽りのニュースを含む広報宣伝）」とあります。

しかし今も国会や北海道議会、ネットや本で、事実に反する歪曲した歴史を作り上げて、国民にデマ、うそ、偽りのニュースを流し、アイヌ民族への差別を助長し煽動しています。日本は１９９５年に「人種差別撤廃条約」に加入しましたが国内法はありません。国家はこの行為を防止し、是正することが求められています。しかし日本政府は「処罰立法措置を取ることを検討しなければならないほど、現在の日本が人種差別思想の流布や煽動が行われている状況とは考えていない」と人種差別撤廃員会に報告しています。

ヘイト・スピーチがネットにあふれ、差別におびえる仲間たち、民族の出自を隠さなければ生きていけない世の中は、憲法違反（第一四条・法の下の平等）といえると思います。このような重大なヘイト・スピーチ、ヘイト・クライムを、犯罪行為を罰しないことは、国家としての怠慢です。国連からも再三勧告されていることを考えれば、国内法の整備、「人種差別禁止法」の制定を検討すべきであり、きちんと対応すべきであることを日本政府に強く求めるものであります。

# 沖縄における憎悪犯罪

西岡　信之

## 沖縄もターゲットに

２０１３年１月27日、東京・日比谷野外音楽堂。「オスプレイ配備に反対する沖縄県民大会」実行委員会主催の「NO　OSPREY 東京集会」が開催されました。沖縄から代理を含む38市町村長、41市町村議会議長、29県議会議員、県民大会実行委員など約１３０人全員が、赤地に白抜きの「オスプレイ断固反対」を記したゼッケンを着用し舞台に上がりました。県内のほとんどの地方行政のトップの首長、議長、県議が一堂に首都東京に会し、集会に参加することなど未だかつてなかったことです。

米軍の最新垂直離着陸輸送機ＭＶ22オスプレイの沖縄への配備が発表された２０１１年６月以降、沖縄では県議会と41全市町村議会で配備反対の決議や意見書が採択されました。さらに、ほとんどの市町村で配備反対の市民大会や集会が幾度も開催され、沖縄県民の総意として「オスプレイ配備に反対する県民大会」が２０１２年９月９日に宜野湾市で十万人余を集めて開催されたのです。しかし、県民大会からわずか3週間後の10月1日、県民の強い願いをあざ笑うかのようにオスプレイ12機が宜野湾市の米軍普天間飛行場に強行配備されました。

東京・日比谷野音の集会は、オスプレイが配備されたことへの抗議と配備撤回を求め、翌日の28日に政府に建白書を提出するために上京した行動の一環として開催されたのです。集会は、全国から約4000人が参加し、オスプレイの配備撤回、普天間基地の即時閉鎖・撤去、辺野古新基地建設反対等を決議し成功しました。

しかしヘイト・スピーチ問題は、この集会直後のパレードから始まりました。

「オスプレイは安全」「オスプレイ反対の陰に中国」「反日左翼」「嫌なら日本から出て行け」等々の汚らしいヘイト・スピーチが沖縄のパレード隊に投げつけられました。差別用語に満ち溢れたプラカード類、日の丸に旭日旗、掲げられていること自体が意味不明の星条旗や中国国旗までが、両側に林立する異様な銀座通りを歩くことになりました。

沖縄では、多くの県民にとって在特会は、見慣れていないし、その存在自体も知られていません。従来の右翼団体が、街宣車で軍歌をがなりたてることはあっても、憎悪に満ちたヘイト・スピーチは経験したことがありませんでした。

参加した喜納昌春県議会議長は、「売国奴、日本から出て行け、なんでウチナーンチュがこう言われないといけないのか、日本国民は考えてほしい」とその後の記者会見で怒りを露わにしました。

那覇市にある沖縄大学の学生6人が、この行動に参加していました。有志のグループ「ＶＩＬＬＡ

GER」を結成し、オスプレイ反対の学習会や行動に取り組んでいました。彼らの東京行動の報告集に学生たちは、このパレードについて書いています。「怒号が飛んできた方を見ると、高齢者から若者までの右翼が国旗を掲げて通りを埋め、野次をとばしていた」「売国奴、何と読むの？　悲しかった。NO BASE' NO OSPREY, NO RAPE……、NOばっかりに覆われた沖縄の現実」「銀座に入ったら街の雰囲気が一変した。道の両側にずらーっと右翼がいるのだ。罵倒が飛び交い、威圧感というかとにかく怖かった。沖縄でパレードしてもこれほどの規模の右翼は見たことがないほどだった」。初めて東京行動に参加した学生たちにとって、右翼団体のヘイト・スピーチは衝撃だったはずです。しかも、オスプレイ配備に反対することがなぜ批判されるのか、「嫌なら日本から出て行け」の意味がわかりません。

参加したある県議会議員が県内の新聞に語っています。〈在沖米軍の「抑止力」や「地政学」を持ち出して沖縄に基地を駐留させ、県土面積が本土の0・6パーセントなのに在日米軍専有施設の74パーセントが沖縄に集中。こんな状態を続けている日本から出て行きたいと思うのは沖縄のほうだ〉

在日米軍基地が沖縄に一極的に集中し、ジェット戦闘機や輸送機の爆音に騒音、米兵による度重なる事件・事故。繰り返される女性暴行事件。このような沖縄が基地に苦しめられている現実を「在特会」の人たちは、理解していないのでしょうか。彼らの誤った主張のように沖縄県民も中国人や韓国人と同じように日本政府から特権を得ている集団と見ているのでしょうか。基地負担を口実にして莫大な予算をぶんどっているとでもいいたいのでしょうか。

ともかくオスプレイ東京行動は、沖縄も「在特会」など右翼団体からの攻撃のターゲットの一つになったことが、全国的に明らかになった象徴的な出来事になりました。

## 在特会だけでなかった

２０１３年5月13日現在、「在特会」のウェブサイトを見ると、沖縄県には支部はありません。しかし会員が90名登録されていることになっています。この人たちもオスプレイの東京行動に参加したのでしょうか。実は、オスプレイ東京行動に対してヘイト・スピーチを投げかけたのは、「在特会」だけではなかったのです。さまざまな横断幕や幟などから、当日押しかけた右翼団体が後からわかりました。

集団的自衛権の行使やアジア太平洋戦争での旧日本軍の侵略戦争を反省した「村山談話」を否定するなど政府と違う見解を自著で記したことで航空自衛隊幕僚

長の職を解かれた田母神俊雄を会長とする「頑張れ日本！　全国行動委員会」、その地方議員で構成する「草莽全国地方議員の会」。彼らの横断幕には「1・27オスプレイ配備反対に見せかけた亡国集団パレード糾弾！　抗議街宣行動」と書かれ、「反オスプレイは沖縄の民意ではありません」「オスプレイは必要だ」「オスプレイは日本を護る為に必要です」というプラカードを掲げました。

「維新政党・新風」という「行動する保守」の政治組織や「在特会」と、友誼関係にあるとされる女性組織に「女性の会　そよ風」があります。オスプレイ東京行動で、そよ風の横断幕には、「沖縄・尖閣を守るオスプレイ　実は低い事故率　左翼・マスコミの嘘は許さない」と書かれていました。また「女性の会」の当日の行動を動画サイトやブログで見ることができます。沖縄の学生たちが、怖かったと語ったそのスピーチの一部を紹介します。《「売国奴は出て行け！」「中国、韓国のスパイ、反日左翼を東京湾に沈めろ！」「沖縄土人ではなく、沖縄を守れ！」「オスプレイは安全だ、オスプレイで沖縄と尖閣を守れ！」》

さらに「部落解放・同和組織と在日朝鮮・韓国人、反日左翼そして帰化人（成り済まし日本人）工作員の横行を許さず、これらの撲滅・一掃を目指すネオ愛国論壇！」を掲げる略称「在特連」の『在日外国人の特別永住・帰化を許すな！ネット連合』という団体も来ていました。彼らもまた「在特会」や「女性の会　そよ風」と同様にヘイト・スピーチの行状を彼らのウェブサイトに報じています。

自民党参議院議員の片山さつきが最高顧問を務める「尖閣諸島を守る会」や元自衛官の恵隆之介が代表の「沖縄と尖閣を守る会」などが「中国では尖閣侵攻に向け世論形成中！　産経新聞報道　日本

の尖閣を守る会」の横断幕を掲げていました。またオレンジ色の幟に「日本侵略を許さない会」を名乗り、「NOオスプレイ」のプラカードに中国政府国旗を偽装的に持たせていた出自不明の団体もありました。沖縄では「オスプレイは安全」の横断幕を街頭に貼りめぐらした幸福実現党など、さまざまな保守・右翼団体が、27日のオスプレイ東京行動の妨害や嫌がらせにきていたことがわかりました。

そして、これらの保守・右翼団体は、幸福実現党を除き、この2年間、安倍救国内閣誕生をめざして、2012年末の衆議院選挙でも自民党支持で動いていました。彼ら保守・右翼団体の頂点に安倍晋三首相がいるのです。第二次安倍政権で、憲法を改悪し、国防軍創設という戦争ができる国づくりをめざすには、日本でたった一つ県民ぐるみの闘いが今もなお展開できる沖縄は最大の邪魔者と言っても過言ではないと思います。だからこそ沖縄の県民意思、総意を代表する行政と議会のトップによる上京行動は、彼ら保守・右翼団体にとって許されないことだったのです。

「在特会」のようなヘイト・スピーチ＝「死ね」「殺せ」は少ないものの、沖縄上京団に対する嫌悪感に満ちた怒号や罵声は、ヘイト・クライムのひとつではないでしょうか。

## 挑まれた沖縄

本土の保守・右翼団体に挑まれることになった沖縄の平和運動活動の源泉は、県民の4人に1人が一般住民の犠牲となった沖縄戦です。沖縄戦では、日米双方20数万人が亡くなりました。そのうち、一般住民の沖縄県民の被害者は、約9万4千人です。沖縄戦でこれだけ多くの住民が被害にあった要因は、「軍民混在」の戦場となり、日本軍と沖縄県民が入り混じり、逃げるにも逃げられない島嶼地域での地上戦となったからです。天皇を中心とする国体護持のための長野県の松代大本営を完成させるまでの時間かせぎ、皇土防衛のための犠牲となったのです。そのため日本軍は住民を巻き込んでの持久戦に持ち込みました。沖縄戦の教訓は、「軍隊は住民を守らない。それればかりか軍事作戦上自国住民を殺害したり、死に追い込んだりした」と沖縄国際大学名誉教授の石原昌家氏は、編著書『ピース・ナウ沖縄戦――無戦世界のための再定位』（法律文化社）で述べています。慶良間諸島や読谷村などの日本軍による強制集団死をはじめ、ウチナーロの「方言」使用によるスパイ容疑での虐殺など日本軍による住民殺害は数えればきりがありません。米軍の「鉄の暴風」と呼ばれる絨毯爆撃による被害も凄惨なものでしたが、友軍と信じていた日本軍からの虐殺行為は、その後の沖縄の平和思想の形成、軍隊も基地もいらない、「命どぅ宝」（命こそ最も大切）の精神が息づくことになるのです。

こうした軍事力を必要としない沖縄の平和思想は、戦争ができる国づくりを推進する勢力にとっては目の上のたんこぶだったのです。

保守・右翼勢力は、執拗に沖縄に挑んできました。

最初に沖縄戦の教科書記述が狙われました。１９８０年代以降、住民殺害の記述が教科書から消され、強制集団死での日本軍による軍命や関与などなかったとする沖縄戦体験の捏造が、歴史書や教科書検定などで始まりました。前述の「沖縄と尖閣を守る会」代表の恵隆之介は、「日本軍がどれだけ沖縄県民を守ろうとしていたか」「戦艦大和は沖縄の女性を救うために出動した」「沖縄を守るための特攻隊の役割」等、日本軍の潔い戦いを著書や右翼サイトの日本文化・チャンネル桜などで自論を展開しています。

戦争推進勢力にとって自虐史観3点セットの「日本軍慰安婦」「南京大虐殺」「沖縄戦での日本軍の暴力性」を歴史から抹消することを最大の目標にしてきました。彼らは、沖縄戦の歴史認識や史実を歪曲し捏造することを30年近く続けてきたのです。

最近では、強制集団死に日本軍の軍命があったかどうかが争われた大江・岩波裁判がありました。また石垣市、竹富町、与那国町の八重山郡における中学公民教科書の「育鵬社」選定をめぐる文部科学省から竹富町教育委員会への指導問題が現在も続いています。

こうした沖縄戦の史実と体験の真実の認識をめぐっての争いから現在では、尖閣諸島の領有権をめぐる問題が最大の焦点となっています。保守・右翼団体は、中国の軍事大国化路線を口実にして日米軍事同盟強化、自衛隊の南西諸島配備強化、オスプレイ配備を正当化しようとしています。

この10年、沖縄における靖国神社合祀取り消し裁判等で被告の靖国神社や国側への応援で傍聴にきていた那覇市の護国神社関係者などいくつかの裁判などの法廷闘争で対峙してきた保守・右翼勢力の人たちは、ヘイト・スピーチなどは決して口にしない人たちでした。思想は右翼であっても暴力的、排他的、差別的発言で相手を攻撃するようなことはありませんでした。

それが、6年前の参議院選挙で民主党が急進的に議席を拡大する時期から、沖縄においても行動する保守勢力、右翼団体が平和運動の現場にも顔を表すようになったのです。

それが最も顕著になったのは、沖縄県内で発行されている「琉球新報」と「沖縄タイムス」の新聞2紙を、左翼新聞と汚く中傷し、2009年から3か年に3度にわたって「偏向マスメディアを沖縄から放逐せよ」と両社屋にむかってデモを行ったところからです。

## 直接行動に出てきた右翼

日米両政府が普天間飛行場の移設先とする名護市辺野古のキャンプ・シュワブ沿岸域に近い辺野古漁協に隣接する護岸に「辺野古テント村」があります。2004年4月の那覇防衛施設局による基地建設のためのボーリング調査を阻止するための座り込みからテント村の闘いは始まりました。すでに4000日に近い闘いが続けられていますが、2013年2月、「在特会」がテント村を襲撃するという情報が入りました。彼らは、全国各地で日本軍慰安婦集会を妨害し、主催者側を暴行容疑で訴えるというでっち上げ事件を起こしていることはわかっていました。名護市議会の普天間基地の辺野古移設容認派議員などが、議会で「テント村は違法、撤去を」「テント村が辺野古区民の生活に悪影響を及ぼしている」などの間違った発言を繰り返すなど執拗ないやがらせが背景にありました。襲撃に来ると言われた日は、県内各地からテント村防衛のための応援団が駆けつけ、幸い「在特会」は姿を現しませんでした。

このような動きが、県内の闘いの現場で数多く発生しています。

オスプレイ配備に抗議する普天間基地の野嵩ゲートや大山ゲートでは、朝早くから夕方まで県民がかけつけオスプレイ撤回の抗議行動が、昨年の配備の日から1日も休みなく続けられています。ここでも右翼団体と思われる「中国共産党友の会」など、出自不明の団体が、街宣車を乗り付け、大きな騒音と罵声で、抗議行動の妨害に出ています。

また昨年11月の天皇が訪沖した糸満市での「海の日」式典や今年2月の「建国記念の日」には、右翼団体が提灯行列などを取り組みました。

これら一連の取り組みは、「沖縄県マスコミ正常化推進協議会」や「沖縄対策本部」「沖縄駐留軍労働組合」などの団体が行ったと言われています。そして、これらの団体の責任者は仲村覚という人物が特定されています。

彼の主宰するウェブサイトでは、「戦後レジュームの脱却は沖縄から　日本を取り戻すには、沖縄を左翼から取り戻さなければなりません」と訴えています。さらに浦添市にあるFM地域放送局の「FM21」に宣伝広告費を支払って「沖縄の真実」という番組で右翼の主張を煽動しています。県内の新聞二社への抗議デモ威嚇行動や天皇奉迎関連も彼らが中心的に企画していると思われますが、「在特会」との繋がりは今の段階で不明です。

## ヤマトの右翼勢力と琉球民族独立派

２０１３年４月28日。東京では憲政会館において、政府主催による「主権回復・国際社会復帰式典」が開催されましたが、沖縄ではその集会開催主旨とは真逆の「４・28屈辱の日沖縄大会」が、県議会野党会派を事務局とした実行委員会主催の集会が開催されました。１９５２年４月28日のサンフランシスコ講和条約の発効によって、日本本土は米国の占領から解放されたかも知れません。しかし沖縄や奄美、小笠原は、米軍施政が継続し、沖縄では１９７２年５月15日までの20年間にわたって、米軍の実質的占領支配下におかれました。日本復帰から41年が経ちましたが、軍事植民地という実態は変わっていません。米兵による数えきれないほどの事件・事故。女性への暴行・殺人事件。銃剣とブルドーザーによる基地拡張のための土地強奪。沖縄は憲法も法律も適用されない無法地帯に放置され続けました。

安倍政権は、「沖縄の皆さんの声をお聞きする」かのようなポーズをとっていますが、この主権回復式典を強行したように沖縄の意向など聞こうという姿勢はまったくありません。オスプレイの追加配備通告、普天間基地の県内移設に向けた辺野古沿岸域埋め立て申請、米軍基地の負担軽減とは名ばかり、事実上の基地固定化新設路線の日米合意など、沖縄をさらに基地の過重負担で苦しめようとしています。

民主党の政権交代以降から今も引き続く、沖縄への米軍基地負担強化・拡大の現状をみて、沖縄では、「構造的差別」「沖縄差別」という表現が日常的に使用されるまでになりました。実態は、日本国家の構造的暴力、沖縄迫害としか言いようがありません。

さらにオスプレイの強行配備以降は、日本政府とともに本土の日本人が、安保条約の必要性を認識しながら沖縄への基地依存度を改めようとしていないことに対して、琉球民族、先住民の自決権による独立の機運が勢いを増しています。

前述した「沖縄対策本部」や「沖縄県マスコミ正常化推進協議会」などは、4月に入ってこの琉球民族独立系の運動団体をとくに忌み嫌って、彼らのウェブサイトや街頭横断幕で、独立系への批判を強めています。

また独立系の団体のなかには、日米両政府ばかりか本土の日本人批判、県内に移住してきた日本人に対しても批判を始めるなど、民族排外主義が高まっています。

右翼・保守系団体による沖縄への差別、排外主義とともに、沖縄における一部の琉球民族独立系による日本人への差別、排外主義など、沖縄はいまやひとつの小さな島嶼県内で、複雑な排外主義という課題を背負う状況に陥っています。

圧倒的多くの民衆の敵は、1%の超富裕層からなる支配者階層であって、民衆の99%は、民族や国籍、宗派、国境を越えて、共通の敵に対して手を結ぶことを呼びかけます。

# 被害者が受ける苦痛と被害

中村一成

「ヘイト・スピーチ」――アメリカで使われ始め、最近、日本のメディアに登場した「新語」ですが、その内実、たとえば在日朝鮮人らマイノリティーへの憎悪は一貫してこの社会の地層に溜め込まれ、しばしば「選良」の暴言などの形で噴出してきました。それを放置してきた結果が、ヘイトデモが繰り返される日本社会の今だと言えます。「チョンコ」「国へ帰れ」「おらしてもらって何が差別や」――。恐らくは植民地時代から続くこれら罵声に被害者が覚えるのは、いささかも変わらぬこの社会への徒労感、絶望感であり、あるがままに生きようと積み重ねてきた努力を踏み躙られる喪失感であり、結局は「敵」とみなされる不安感であり、そんな社会を次世代に引き継がねばならない無力感でした。その影響は精神面へのダメージに止まりません。ヘイトデモは日常生活を破壊し、地域社会での被害者の孤立をもたらします。法律も被害救済の実効的システムも日本にはありません。言い換えれば「差別を犯罪と見做さない」社会が被害者を「沈黙の穴」に落とし込めてしまうのです。ヘイトデモ／ヘイト・スピーチの被害の実相を、在特会らによる京都朝鮮第一初級学校襲撃事件を軸に素描してみましょう。

## ヘイト・スピーチの「沈黙効果」

事件の詳細は別稿（冨増四季・本書32頁以下）に譲りますが、初回の襲撃は白昼でした。犯人たちは校門前の路上を徘徊し、校門を挟んで対峙する大人（教員、保護者、卒業生ら）に怒号を浴びせ続けました。その模様は襲撃者らによって撮影され、映像はネットにアップされました。ヘイト・スピーチの害悪の一つは被害者を加害者のレベルに引き下ろすことです。しかし、時折、衝突寸前になりながらも大人たちは必死に暴力沙汰を回避しました。子どもに罵声を聞かせたくない、暴力を見せたくない一心からでした。そもそも妄想に依拠した悪罵にまっとうな対抗言論など成立しませんが、だからと言って怒声や暴力で対抗するという選択肢は、少なくとも「学校」という教育の場では在り得ません。衝突回避は最善策だったと思いますが、「朝鮮人」を理由にした悪罵のシャワーは、彼らが日本社会で積み上げてきた「自己肯定感」を破壊するに十分でした。

普段、「誇りを持って」「朝鮮人であることは悪いことではない」と子どもに教え聞かせていながら、その自分たちがやられ放題の姿を子どもに見せてしまったことが、今も被害者であるはずの教員らを苛んでいます。かくいう私自身、襲撃の動画を観れば今でも、映画『パッチギ』のように、校門が内側から開かれて、威勢のいい青年たちが実行犯らを叩きのめす場面を夢想します。実際、それが出来れば、他でもない彼ら自身、どれほど楽だったでしょうか。でもやれば、警察はここぞとばかり学校側を逮捕し、関係各所に大がかりな捜索をかけたはずです。

1時間にわたるヘイトデモが終わった後、その場を支配したのは重い沈黙でした。あまりに酷い差別を受けると被害者は反論できずに沈黙してしまいます。差別的言辞が「正当」だからではありません。人間がかくも理不尽になり得るという、その信じられないような事実に打ちのめされるから。いわゆる「沈黙効果」です。その「沈黙の穴」に落ち込んだ人たちは得てして、出口のない怒りの矛先を自分に向けてしまう。多くの保護者や教員は、「子どもを守れなかった」と自分を責めたといいます。

心をズタズタにされても生活していかなければならない。精神的ダメージを軽減するために大人たちが発動した心理的な「防衛機制」は様々でした。何人かの父親は、「こちらにも落ち度があった」と自らに言い聞かせるように「理由」付けました。被害実態について教えて欲しいという私に、「いつまでも情緒的に『被害』『被害』と言ってられません」と、我が子のことはそこそこに、民族教育の今後について気丈に語る父親もいましたが、彼は、話が2回目のヘイトデモに及ぶと、突然、「（我が子を）守ってやれなかった……」と思わず声を詰まらせました。予定時間をオーバーして差別街宣がようやく終了。デモを避けて校外学習に出たバスが、機動隊と捜査車両が物々しく取り巻く学校に戻り、中から疲れ切った表情の我が子が降りてきた場面に言及した時でした。

子どもの傷は深刻です。事件直後はもちろん、いまだに拡声器の音に「在特会が来た」と怯える子や、留守番が出来なくなった子。「在特会がいる」と地元の飲食店を嫌う子もいます。現在は中高級学校に通う当時の生徒は、我知らず「日本人を避けている」と話します。公共交通機関で移動する時もハングルで書かれた教科書を開く際は、周囲の眼差しを警戒するそうです。「『日本人』と聞くと（子ど

京都朝鮮第一初級学校へのヘイトデモは計３度行われた。この約１か月後、参加者の数名は朝鮮学校へのカンパに抗議するとして「徳島県教祖」にも乱入。２年後には韓国女優 CM 起用を巡り「ロート製薬」にも押し掛けた。（写真提供：中山和弘）

もの）目がつり上がるような部分が出てきて、『ほとんどの日本人はいい人』と強調している」と語る母親もいました。事件後、母親たちを困惑させた子どもたちの問いは、「朝鮮人って悪いことなん？」でした。事件から3年半が過ぎても、影響は様々な形で残っています。単純比較はできませんが、阪神・淡路大震災後、「心のケアが必要」とされた子どもの人数は、震災発生から3年以上後に最多を記録しています。あのヘイトデモにそれとして向き合い、受けた心の傷に専門的知見から対処する機会を得ていないことも今後の不安材料です。

そして関係者をさらに傷つけたのは、在特会側がアップした動画でした。襲撃それ自体に気付かなかった子どももあの動画で事態を知ることとなりました。あの場にいなかった保護者は、自分が食事や仕事をしていたその時、我が子がどんな目にあっていたかを目の当たりにし、「自分は駆け付けられなかった」「子どもを守れなかった」と自身を責めました。訴訟資料作成のために動画を観た弁護団メンバーは変調を来たしました。そしてあの剥き出しの悪意と憎悪が濃縮された動画はネット空間に保存され、今も再生回数は増えています。少なくない予備軍がいるのです。

## 甦る恐怖心

保護者や教職員が語るのは罵詈雑言の「古さ」でした。「チョンコ」「キムチ臭い」「国へ帰れ」。あまりにも古色蒼然たる罵声の数々は、何人かを幼少期の差別経験に引き戻しました。たとえば当時のオモニ会会長、朴貞任さんが思い出したのは、三十数年前の経験です。朴さんがある日、妹と二人、制服のチマチョゴリ姿で歩いていると、近所の男の子らが背後からやってきて、「チョーセン！」と叫ぶが早いか妹のランドセルを掴んで後ろに引き倒し、妹に唾を吐いて逃げました。そんな朴さんが「朝鮮」にこびりついた否定的イメージを削ぎ落としていったのが朝鮮学校でした。「授業で先生が黒板に『朝鮮』って書いて、『朝が鮮やかなきれいな国という意味です』ってね。文字が輝いてました」。結婚して地域の日本人との触れ合いの中で幼少期の警戒感は隠れていましたが、ヘイトデモはその記憶を呼び起こしました。事件後、朴さんはあの動画をあえて娘と見ました。これが30年たっても変わらない日本社会の現実であることを娘と共有するためでした。その苦痛、無念はいかほどでしょうか。

あの日の街宣で在特会らと対峙したアボジ会副会長の金尚均さんは、小学校2年の時、同級生ら5人に取り囲まれて、「おい金城、お前チョンコやろ。チョンコは竹食ってんねやろ」などと面罵された経験を思い出したといいます。竹とはおそらくキムチのこと。人間の食べるものではないものを食べているとの意味でした。大人から差別が継承されているのでしょう。当時、金さんは通称名を名乗っていましたが、小学校2年でも「金」の付く名前は朝鮮人ということを知っていました。取っ組み合いになりましたが、金さんは言います。「その時に僕自身は自分の名前が非常に悪いもの、自分の出自というのが非常に恥ずかしいもんだと思ったんですよね。それからも肯定的に思えるような実体験ってなかったんですよ。韓国朝鮮の話が社会科で出てもびくびくしちゃうんですよね」。

金さんもパートナーも民族学校出身者ではありません。子どもを朝鮮学校に通わせたのは、朝鮮人であることを当たり前に受け止めて欲しい、自分とは違った成長をして欲しいとの思いからです。それは金さん自身の民族教育でもありましたが、その学校が襲われました。大学入学時に通名を棄て、以来、金さんは朝鮮人として生きる覚悟とモチベーションを積み重ねてきましたが、事件によって金さんは、かつての「自分の出自が悪いこと」のように思っていた時代に引き戻されたのです。通名を名乗り、社会科で韓国朝鮮の話が出た時に「びくびく」していた少年時代の記憶に。

自身の初級学校生時代、同世代の日本の男児から「チョーセン」と罵倒されて石を投げられた経験を打ち明け、「あの時から何が変わったんやろ」と涙ながらに語る教員もいました。保護者、教員だけではありません。弁護団メンバーの弁護士の一人は、第一初級の卒業生です。彼女も中級時代、駅で見ず知らずの男性から暴力を振るわれた経験を思い出したと法廷で陳述しました。

大人たちに突き付けられたのはこの社会の変わらぬ差別意識でした。とりわけ保護者の多くは、定期券の学割や体育大会への参加、大学受験資格など、朝鮮学校への制度差別が次第に是正されていった90年代を青年時代に経ていますが、襲撃事件はその「前進」が砂上の楼閣に過ぎなかったことを示しました。今も朝鮮人は権利の主体ではない、高校無償化排除を可能ならしめる土壌が剥き出しになったのです。それは両親や祖父母ら第一世代の人びとが味わった苦難にも保護者たちを引き戻しました。

事件は植民地時代から続き、世代を超えて分かち持たれてきた弾圧の集合的な記憶を最悪の形で想起させたのです。あの街宣で目の当たりにしたのは第一世代の経験であり、植民地支配において被植民者を二級市民、あるいは人間以下の存在に貶めるレイシズムでした。その標的とされたのがまさに、一世が差別と貧困の中を生きてきた証であり、次代へ遺した財産である朝鮮学校です。そこを「スパイ養成機関」「こんなものは学校ではない」と禍々しく叫ぶ街宣が、行政の許可の下、機動隊の「警備」付きで計三度に渡って行われたのです。

「そもそも俺らに人権なんてないんとちゃうんか！」。事件に対する法的応戦を話し合う場で、ある保護者が言いました。ヘイト・スピーチは相手を二級市民とすることに大きな咎があります。襲撃犯が口にした「お前ら道の端歩いとけ」「君たち（朝鮮人）は人間じゃないから信じられない」などの言葉が表すように、「お前たちは対等な人間ではない」「社会を一緒に構成する人間ではない」とのアナウンスが二一世紀に入って公然となされました。第一世代からの被差別体験が、二世、三世を経て、初級学校生の中にいつ暴れ出すか分からぬ記憶としてインプットされたのです。あの差別街宣は、この社会で生きようとする子どもたちの「希望」を根こそぎにしようとしたのでした。

1回目の襲撃後、保護者や教員が否応なしに理解したのは「自分たちで何とかするしかない」絶望感でした。襲撃予告の段階から警察に対応を要請しましたが、警察は事が起こってからどころか、事が起こっても傍観しているばかり。普段は人権や国際理解を唱える京都市や市教委は何のケアもしませんでした。ここでも大人たちは、朝鮮人であることの意味を思い知らされたのです。日本の学校なら通学路や登下校の安全対策だって十全になされるでしょう。あれが日本の学校で起これぱスクールカウンセラーが派遣されるはずです。行政当局が責任を持つべき安全対策も、朝鮮学校では教員の負担増と保護者の無償労働で支えねばなりません。駅への引率、学校周辺の見回り、休憩時間には警戒で公園にも出ました。それでなくてもギリギリの人数で運営している教員の負担は更に増えました。事件から約3年の間に当時の教員の約半数が退職したのは、この過重労働とも無関係ではありません。

保護者会も、学校への送迎、通学路に面した「こども110番」の家庭を回り、襲われた際の保護をお願いしました。保護者の中にもこの時期、仕事を辞めた人もいます。度重なる街宣は朝鮮学校を地域の中で「迷惑施設」化させました。レイシズムの被害者が逆に地元の平穏を脅かす存在とされ、彼らが襲撃の理由とした「授業での公園使用」に地元自治会が首を縦に振らなくなったのです。

## 刑事裁判の限界

では彼、彼女らはどこに被害の回復を求めればいいのでしょうか。自力救済ができない以上、司法しか残されていません。そこに立ちはだかったのが「差別表現を不法行為としない」日本の法制度でした。適用法令は「名誉毀損罪」「侮辱罪」。しかし前者は、「事実の適示」などの立証が煩雑で、後者は単なる「悪口」です。しかも双方とも余りに量刑が低く、共に相手を特定しなければ構成要件を満たさない。つまり、漠然とした民族差別への適応は困難なのです。繰り返しますが、日本では差別煽動／表現は不法行為とはならない。この問題が端的に現れた差別事件が2003年から2004年にかけて、部落解放同盟や、ハンセン病療養所「菊池恵楓園」に対し、2年間に約400通もの差別ハガキが送られた「大量連続差別ハガキ事件」です。

最も執拗な攻撃を受けたのは部落解放同盟東京都連（当時）の浦本誉至史さんでした。何の心当たりもない中で、自分を誹謗中傷するハガキが職場どころかアパートの他の住民にまで届く。その数約100通。頼んでない高額商品が届いたこともあります。アパートには家主に浦本さんを追い出して欲しいと苦情を言う借家人まで現れました。問題なのは差別ハガキを書いた人間であって浦本さんではないのに、被害者を追い出すことで問題の解決とする。苦情を言った住民は犯人の差別煽動に乗ったということになります。浦本さんの脳裡に蘇ったのは、大手放送局の最終面接で役員たちから出自を指摘されて落とされ、田舎に帰ってきた父の体験でした。

そこから学んだ「差別はする方がおかしい」との思いがなければ、耐えるどころか生きることすら難しかったといいます。父から教えられた「誇り」が浦本さんを救ったのです。朝鮮学校の意義にも共通する部分でしょう。

浦本さんは警察に告訴しましたが、警察はまともに捜査しないどころか、自作自演を疑い浦本さんを何度も聴取しました。精神的に追い詰められた浦本さんは仲間と犯人捜しに乗り出しました。「昼間は事件の調査もあってしっかりしてるけど、夜になると眠れない。うとうととしても突然、目が醒めると自分がどうしようもなく惨めになって、なんでこんなことになるんだと思うと、涙が止まらなくなった」。典型的な心的外傷ストレス障害でした。マス・メディアの報道が捜査当局を追い立てる形で、犯人の男性（当時34）が逮捕され、脅迫と名誉毀損、私印偽造と同行使で起訴されましたが、報道に呼応して激増したネット上の差別書き込みと人格攻撃の数々は、浦本さんをパニック状態に陥らせました。そして刑事事件の法廷で露呈したのは日本社会の「差別天国」ぶりでした。

「最初は仕事が決まらないストレスから（の犯行）だったが、後に義務感になった」という元被告は法廷で、法律適用の濫用を訴えました。自分は「差別をした」のであって、「犯罪をしたわけではない」。違法行為とされない差別は「表現の自由」との主張です。開き直りも甚だしいですが、法がない以上、一分の理があるのも事実でした。浦本さんは言います。「確かに法の濫用とは思いました。菊池恵楓園の入所者を彼が誹謗中傷した事件についても、問われたのは名前を使われた僕に対する私印偽造、同行使罪でした。問題は手紙の差別内容なのに、誹謗中傷された入所者はそれを問えないわけです。差別に対してこの国の刑事裁判は何ら機能を持たないことが分かりました」。差別が違法行為でないとは、裁判上は、文言の差別性についての評価も不要ということです。

実刑判決を受けた元被告（差別表現の酷さも量刑に勘案された）は、出所後、部落解放同盟の確認会に出席し、双方が話し合いの機会を持ちました。それを通して浦本さんは「彼の境遇、非正規雇用で搾取される立場になれば、あのような行動に出たことを『理解』できるようにはなった」と言います。けれども元被告は、法廷で言った「差別は犯罪ではない、だから悪いことではない」との主張は変えませんでした。浦本さんの受けた理不尽は宙吊りのまま今も胸中で燻っています。

## 民事裁判の代償

浦本さんの事件が明らかにしたのは刑事事件の限界性でした。一方で裁判には民事もあります。でも民事訴訟では、差別言動をまき散らした相手と直接、対峙しなければならない上に、原告になれば公開の法廷での尋問もあり、長期間にわたって衆目に晒されることになります。2006年7月、顧客に差別発言を受けた徐文平さんが慰謝料300万円や謝罪広告の掲載などを求めて起こした「積水ハウス在日社員訴訟」では、民事訴訟の代償の大きさが露わになりました。

事件は2005年に起こりました。メンテナンス部に所属する徐さんが顧客に本名の名刺を出したところ、「これはスパイの意味やないか。朝鮮総連の回し者か。北朝鮮に金なんぼ程送ってんねん。お前のような人間がいるから拉致の問題が起こるんや。拉致被害者の所へもこんな名刺を持って行けるのか」「喧嘩を売っているのか。これは挑戦状やないか」「国籍とはどこの国に忠誠を誓うかという意味や。もし北朝鮮と日本が戦争になったらお前は敵やないか」など2時間にも渡り面罵されました。徐さんは上司を通じて話し合いを求めましたが、顧客は取りあわず、最終的に提訴しました。

勤務時間中に社員が受けた差別ということで、裁判は企業が全面的に支援しました。口頭弁論への出席も出勤として扱い、訴訟費用も全額負担する。企業が社会的責任で裁判を支援する例はおそらく前例がなく、マス・メディアでも大きく取り上げられました。しかし困難はそこからでした。当初、相手側は「不必要な経費を請求してきたのが（トラブルの）原因」などと主張しました。インターネット上ではその発言を捉えて、「ヤクザのたかり」「在日ヤクザ」などの書き込みが相次ぎました。ネット上で賛同者が見つかれば、サイバースペースを飛び出して抗議行動を始めるのが「ネトウヨ」の習性です。会社への抗議電話やメールも相次ぎ、会社側は徐さんを内勤にしました。これ以上のトラブルを避ける「配慮」かもしれませんが、ネット上の誹謗中傷に加えての配置転換は徐さんにとって大きなストレスでした。提訴から約1年後の2007年9月、徐さんは名誉毀損への慰謝料30万円と顧客からの謝罪を条件に和解しました。提訴額の1割で、しかも謝罪広告もなしです。徐さんは言います。「判決まで頑張って勝訴を取れば、次に似たような目に遭った人が使える判例を残すことができたかもしれませんけど、これ以上は精神的に限界でした」。

これが民事訴訟の苦しさです。ましてや京都事件の被害者は子どもです。訴訟資料は相手にも渡る以上、名簿やプライバシーを在特会らに差し出すことにもなります。これも裁判の使い難さです。結局、学校法人を原告にし、その中で立てたのが「民族教育実施権」という考え方でした。原告が、かぎりなく晒される、という制度自体が苦しみであり被害なのです。

2013年3月、鶴橋駅前での差別街宣に抗議する人々。ヘイトデモの数倍に達する対抗デモ勢がレイシストたちを取り巻く状態が続いているが、カウンターはあくまで対処療法だ。（写真提供：中山和弘）

## 二次被害の危険性

民事訴訟を全否定する訳ではありません。京都事件の弁論は「回復の場」としても機能しました。口頭弁論で弁護団は多くの時間を割いて、差別街宣で攻撃された朝鮮学校での民族教育について、多数者の都合で保護／排除される「恩恵」ではない「正当な権利」だと主張しました。自己肯定感を身に付けるはずの朝鮮学校であのような目にあわせてしまったこと。同じ人間ではないと罵られ続ける場面を子どもに見せたことに痛恨の念を抱いていた教員や保護者らにとって、法廷での弁論は、賠償云々以前に、自分たちの正当性を主張し、残す場としての意味合いを帯びていました。

とはいえ法廷は互いの主張をぶつけ合う場です。二次被害の苦痛はあちこちに潜んでいました。裁判を抱える以上、被害者たちは常にあの時に引き戻されます。「勝ち」を追求すれば、生々しい被害実態を聴き取り、裁判所に提出する。あるいは公開の法廷で陳述してもらわなければいけません。性犯罪の被害者が法廷で二次被害を受ける危険性はかなり認知されるようになってきましたが、ヘイト・スピーチもその部分では同様です。

襲撃犯らの法廷での言動は二次被害の際たるものでした。証人尋問に立った主犯は、検察官面前調書に記された「朝鮮学校で行われている授業など配慮するに値しない」との主張を今も是としました。被告席に座った在特会幹部が、泣きながら思いを訴える原告側弁護士をせせら笑う場面も繰り返されました。被告側の弁護士が、帰国前提の政治教育がなされていた数十年も前の朝鮮学校についての本や出所不明の「風聞」を持ち出し、朝鮮学校の教育を「個人崇拝の思想教育」「洗脳教育」と印象付けようとしたり、襲撃を政府の朝鮮民主主義人民共和国への敵視政策と重ね合せ、在特会らの行為に正当化を付与しようとする――「公」の差別が在特会らを勇気づける構造そのものです――姿は法廷でのヘイト・クライム以外の何ものでもありませんでした。被害者の中には、「こういう人もいるんだなと思った」と割り切った人もいますが、被告側の暴言に涙する傍聴者もいました。主張を闘わせ、勝敗を決する場である以上、二次被害は避けられません。

「この社会では唾は吐かれっ放し。やられ損ということですね」。保護者のひとりは言いました。毎回のように仕事や家事の都合をつけて法廷に来る保護者の多くは「なぜこのような侮辱を受けるのか？　なぜ朝鮮人がここまで嫌いなのかを知りたい」と語りました。でも何が彼、彼女らを蛮行に駆り立てたのか、なぜ朝鮮人をここまで憎むのかは語られないまま、説明できない不合理と不条理が残りました。相手の「可変性」——人間として変わること——に期待する傍聴者もいますが、そうした思いは、あの罵声の連呼を「正義」、少なくとも「違法行為」ではないと主張する被告らの態度に踏み躙られ続けました。まさに「唾は吐かれっ放し」の状態にあります。

ヘイトスピーチ規制の法整備は必要です。「濫用の危険」は常に付きまといますが、現行法では差別扇動に対処できません。「危険」を語る前にどんな法規制の形がありえるか議論すべきです。今も少数者は忍耐を強いられているのです。差別扇動の法規制問題は、「法」とはマジョリティーの意識や常識を体現するものなのか、少数者の人権を守るものなのかを問い直す作業でもあるのです。そして忘れてはならないのは、本稿で素描したような確信犯的な悪意に晒された人々の被害をどう回復していくか。ヘイトスピーチ対策は「被害回復」の視点からこそ展望されなければいけないでしょう。

コラム②

## 「レイシズム」を語ることの意味

鵜飼　哲

２０１３年3月14日、参議院議員会館において、民主党の有田芳生氏ほか数名の国会議員の呼びかけによって「排外主義・レイシズム反対集会」が開催された。これは「在日特権を許さない市民の会」が数年来引き起こしてきた深刻な民族差別事件の数々に対し、日本の国会議員が公式に憂慮を表明したはじめての機会だった。

この集会に参加した私の記憶には各パネラーの印象深い発言がいくつも残っているが、ここでは「レイシスト」という言葉が、その定義に関する疑問も含め、多くの人の口から発せられたこと自体に注目したい。

かつて私は次のように書いたことがある。「レイシズム、ヘイト・スピーチ、ヘイト・クライム。これらの言葉を、今後私たちは、政治実践の場で――残念ながら――長期間使用しなければならないだろう。政治的言説の通弊である記述と断罪の無自覚な混同を回避しつつ、これらの言葉を真に有効に活用するためには明晰な理解の努力が求められる。」（「「雑色のペスト」――現代排外主義批判の思想＝運動的課題」、『インパクション』１７４号、２０１０年）

３年ののち、今この国の政治的な言説空間に定着しつつある言葉は、「レイシズム」よりむしろ「レイシスト」であるようにみえる。些細なことに思われるかも知れないが、この事実のなかに私は、かつて危惧した「記述と断罪の無自覚な混同」を認めざるをえない。「レイシスト」は原則として他称であり、容易に蔑称にスライドする。誰を「レイシスト」と呼ぶべきかという問いが「レイシスト」とは何かという問いに、さらにこの問いが前提するはずの「レイシズム」とは何かという問いに先行してしまうような運動や議論の状況には、いささか当惑を覚えることを告白しなければならない。

とはいえ、「レイシズム」とは何かという問いは単純ではない。特に日本ではこの問いは、「人種差別」や「民族差別」などもともとある言葉を使わずに、なぜこの聞き慣れない外国語に訴えるのかというもうひとつの問いと切り離せない。「レイシズム」という言葉がここ数年浮上した背景には、日本社会の民族差別が改善されるどころかいっそう拡大・悪質化しつつあるなかで、この流れに対抗するために、日本政府も批准している国連人種差別撤廃条約の理念と条文に訴える必要が、各方面で次第に強く感じられてきたという事情が指摘できる。

ところが多くの日本人にとって「人種差別」と言えば西洋世界におけるユダヤ人やアフリカ人に対する差別のことであって、この言葉のなかに同じ「人種」に属すとみなされるアジアの近隣の諸民族に対する日本人による差別が含意されることはほとんどない。そこで、日本の「民族差別」は国際人権規約で犯罪とみなされている深刻な「レイシズム」であり、「人種差別」の克服は日本人に課せられた歴史的課題なのだという主張をこめて、「レイシズム」という言葉をこの国に定着させるための試みが、法曹界、NGO、あるいはアカデミズムのなかで、さまざまなかたちで着手されてきたのである。

「支配的権力を持つエスニック集団や歴史的な集団が、別の集団に対して、否定的に認知される身体的・文化的な集団的差異を共役不可能で、遺伝的に不変であると規定して本質化(=人種化)し、優等/劣等に階層化された人種秩序を作り上げたうえで下位へと位置づけ、その劣位性を社会悪とみなして差別、周縁化、支配、排除、殲滅といった暴力を合理化しつつ、社会的に行使すること(……)」(ジョージ・M・フレデリクソン『人種主義の歴史』、李孝徳訳、みすず書房、2009年)

この定義は非常に厳密であり、「レイシズム」とは何かという問いにさしあたりの答えを与えてくれる。とはいえ、より実践的な問い、例えば「ナショナリズム」と「レイシズム」を区別する基準は何かという問いに対する答えは、かならずしもこの定義から自動的には出てこない。学問的な「レイシズム」研究の国際的な動向のなかでは、この二つの政治＝社会現象のあいだの区別は次第に微妙なものになってきている。かなり複雑な理論的手続きを経なければ、この両者の関係を適切に整備することはできないのである。

このことは、実践的な場で、「国民」と「レイシスト」のあいだに境界線を引くことが、かならずしも容易ではないということを意味する。「在特会」のようなもっとも目立つ、極端な集団に「レイシスト」というレッテルを貼って断罪することは、場合によっては、先の定義にあったような「レイシズム」と自分自身の、大抵は意識されない歴史的、政治的、社会的関係を問わなくて済む「国民」の利益に適うものでもありうる。同じ理由から、「レイシスト」のレッテルを貼られた人々の側も、この言葉を相手に投げ返すことはいつでも可能だろうし、自分たち自身はつねに「市民」「国民」「愛国者」を自称することができるだろう。

このような倒錯的事態を生み出しかねず、また外国語としての翻訳の難しさも抱えている「レイシズム」という言葉を用いることに、この列島の民衆運動を発展させるうえで、とりわけ民族的少数者の人権保障を確立するうえで、果たしてどんな実践的意義がありうるのだろうか?

さしあたり私としては、この社会の民族差別の構造を、上からのレイシズム／下からのレイシズム、〈上品な〉レイシズム／〈下品な〉レイシズムという二つの二分法を組み合わせて動態的に分析する必要を強調したい。「上からのレイシズム」は国家や自治体の制度上の差別および政治家など社会的に影響力の強い人物の行動や発言を含む。それに対し「下からのレイシズム」は、歴史的に形成された日本人民衆の沈黙の排外主義を母胎として、民族派を自称する右翼諸団体や近年の市民運動型排外主義運動等の政治＝社会現象から、これまでにすでに何件もの外国人に対する増悪殺人を引き起こしてきた、外見上は「非政治的」な個人的・集団的な暴力の発動までを含む。

「〈下品な〉レイシズム」については説明の要はないだろうが、石原慎太郎や橋下徹の例から明らかなように、「上からのレイシズム」がかならずしも「〈上品な〉レイシズム」に対応するわけではない。逆に、「下からのレイシズム」も、住居差別などに顕著なように、その大半は、黙ったまま、あるいは「上品な」言葉で、だが断固として「他者」を排除するところに底知れないおそろしさがある。

少なくともこの4つのタイプの「レイシズム」が、一見別個に、だが同時に作用することによって、民族的少数者が尊厳をもって生きられる社会空間を急速に縮小、さらには消滅させつつあるのがこの時代の実相なのではないだろうか。「下からの」「〈下品な〉レイシズム」の担い手だけが「レイシスト」なのではない。

もちろん、「在特会」型の憎悪犯罪に対する対抗運動はいっそう強化されなければならない。そのうえで私たちに求められているのは、その闘いが他の3つのタイプの「レイシズム」をも告発し、克服することにつながる道を探り当てることだろう。

ヘイト・スピーチを抑止することが、同時に、植民地時代以来この国がつねに否定してきた朝鮮人の民族教育権を確立することにつながるような道を。そのためにこそ私たちは今、「レイシズム」という言葉の〈使われ方〉に、重大な歴史的責任を負っているのである。

コラム③

## 被害者の魂を傷つける暴言は人権侵害

坪川宏子

### 二人のハルモニの憤怒と絶望

暴言がいかに被害者の人格を侮辱し蹂躙するか、私が20年近く親しく交流してきたハルモニとの思い出を通して記したいと思います。一人は金相喜《キムサンヒ》さんです。1996年、高校教科書が「未成年の女性を『慰安婦』として強制的に働かせた」と記述したことに対し、それは「歴史の真実ではない」、「検定のあり方を含め教科書を検討すべき」と発言した板垣正議員（板垣征四郎の次男）に面会を申し込み、「私が生き証人だ」と抗議した相喜さん。彼女は15歳の時、友達と写真館へ行った帰り道で日本人3人に両脇をつかまれて拉致され、蘇州の日本軍部隊の「慰安婦」にさせられました。兵と一緒に前線を回った、逃亡しようとしたら銃撃され、友人は自殺し、自らは失敗したなどと屈辱に満ちた8年間の体験を語り、「強制がなかったという妄言には胸の中がかきむしられる思いだ」と述べると、板垣議員は「すべて軍がねぇ。信じられない。官憲が首に縄を付けて連行したわけではない。そんな業者がいたのではないか。お金の支払いは？」「一切ない！」「全く信じられない。当時の状況からそう判断する。政治家としての信念がある。日本人としての誇りもある」と発言。

お金がこの問題の本質ではないのに「一銭ももらわなかったの？」と、何度も尋ねたのです。怒った相喜さんは「断じてない。かつて戦場で私の体を汚し、50年たって今度は私の魂まで汚すのか！」と身を震わせながら毅然と反撃しました。都高教有志ネットとして板垣議員への抗議文を書いて、この場に同席していた私は、何というすごい、寸鉄人を刺す言葉かと驚嘆しました。いくら本当の体験事実を話しても、勝手な「信念」や「誇り」で商行為と決めつけ、頭から全否定する巨大な暴力に、彼女がいかに憤怒し、絶望し、人間としての魂を傷つけられたか、想像にあまりあります。私も、軍直営や未成年「慰安婦」の資料、軍の直接・間接関与と強制性を認めた河野談話を示して反論しましたが、彼は「河野談話を認めない」と断言しました。見直しの論議は今も続いていています。相喜さんは2005年に亡くなり、私の手元に彼女のロザリオが残されました。

もう一人は黄錦周《ファングムジュ》さんです。黄さんが養女となった家の村では、日本人班長夫人が「一家から一人、日本の軍需工場に出さねばならない」と触れ歩き、黄さんが行くことになりましたが、連行された先は何と吉林（満州）の部隊の慰安所でした。抵抗すれば殴られ4日間も気絶したままの時もあったとのこと。多いときは1日に30人余の相手をさせられ、病気になっても治療は2回まで、3回目はどこかに連れて行かれて戻って来なかったといいます。4年後の解放時には置き去りにされ、線路をひたすら南に歩いて12月にようやくソウルに到着。その後は結婚を避け食堂を開いて働き、朝鮮戦争の孤児を養子にして全員結婚させせました。

黄さんは〝闘士ハルモニ〟と呼ばれました。10数年間、毎週の水曜デモは一度も欠かさず、日本や世界に招かれて証言し、アメリカでの提訴など、この運動の顔といってもよいハルモニでした。普段は、花を愛し、美味しい料理でもてなしてくださる気さくな人でしたが、時には激昂して闘いました。

2001年、教科書問題で来日の時は、集会で「つくる会」の教科書の表紙をビリリと破り捨てたのです。それは執筆者の一人、坂本多加雄が「慰安婦」を記述することは「トイレの歴史」を書くようなものだと暴言を吐いたため、黄さんは「私は便所か！」と怒り心頭に発したからでした。激しい行為に駆り立てたのは「一生を台無しにしたこの被害を大人しく黙っておれようか！　その上、私に謝罪し補償するどころか、逆に侮辱するとは何事か！」という腸《はらわた》が煮えくり返る怒りと悔しさ、絶望ではなかったでしょうか。牛乳が飲めないと言った黄さんを思うと胸が詰まります。「心からの謝罪の言葉を聞いてから死にたい」と言っていた黄さんは２０１３年1月に亡くなり、望郷の丘に埋葬されました。

## 被害の重層性

黄さんは、証言で「どうにかして人から蔑まれず、無視されず生きていきたい」と話しています。「慰安婦」被害者は、戦時中の人権侵害に加え、戦後も家父長制下の社会で、貞操を失った汚れた女性として人から蔑まれ、自らもその道徳を内在化し（させられ）身を恥じ世に隠れ、人生を自由に生きられませんでした。子供ができず離婚させられたり、精神的肉体的後遺症に一生を左右されたといえます。

中国の被害者で、裁判に負けては村に帰れないと言った人もいます。被害を公表することは新たな二重の被害を受けることでした。最近でこそ、既に「恥ずべきは自分でなく日本政府だ」とパラダイムを転換し、自ら尊厳を取り戻して人権活動家として世界で活躍する被害者がおられることは素晴らしいことです。しかし、社会的・公的な解決はひとえに日本政府にかかっています。

被害者は、何より日本政府が加害事実を認め謝罪することによって自らの名誉を回復し、正義が実現することを望んでいます。こうした重大な人権侵害被害者は謝罪・補償・処罰・再発防止策を受ける〝権利がある〟というファン・ボーベン報告があります（国連人権小委員会１９９３年）。現在の暴言は、被害者を更に侮辱し、その切実かつ当然の権利である要求を泥足で踏みにじる、人の魂を殺す行為です。これは更なる三重の被害と言えるでしょう。

## 現在の状況は更なる人権侵害

安倍晋三総理、中山成彬議員、橋下徹大阪市長、木本保平茨木市長、埼玉県上田清司知事、平沼赳夫

議員、西川京子議員等々は「…（全体として判断して河野談話のとおりとなった）また、政府が発見した資料の中には、軍や官憲によるいわゆる強制連行を直接示すような記述も見当たらなかった」という閣議決定（２００７年）の一文を金科玉条にして、「慰安婦」問題を強制連行の有無にすり替え、強制連行の〝記述〟がない、ゆえに〝事実〟はない、自ら商行為に行ったと歪曲し、日本の責任を免罪する発言を公的にしています。西川議員は国会の審議で、「慰安婦」等の記述のある高校教科書を攻撃し、その中で「慰安婦」は「軍隊と一緒について行った、いわば売春の話」と断言しています。平沼氏は「戦地売春婦だ」と発言。まるで「業者が連れ歩いた」と答弁した23年前に逆戻りしたかのようです。

しかし、２０１３年6月、赤嶺政賢議員の質問主意書により、１９９３年発表の政府発見資料には、既にバタビア裁判の記録（軍がオランダ人女性を強制連行し強制売春させたスマラン事件で死刑を含む処罰）が含まれていたことが明らかになり、政府も答弁書でそれを認め、彼らが依拠利用した前述の一文は真っ赤なウソだったということになります。それなのに、訂正するかと見解を問われた政府は、政府の認識はその一文を含む２００７年の閣議決定部分と同じであると答弁をしているのです。あくまで軍の強制連行がないことにこだわり、日本の主体的責任を回避するため事実を隠蔽する姿勢です。（軍による強制連行の他資料、日本の裁判判決の拉致事実認定、その他関係史料、この問題の本質についてはFIGHT FOR JUSTICE」のサイトを参照）

歴史修正主義派は「河野談話」（調査に基づいて軍の直接関与と強制性を認めて謝罪し、歴史教育を通して二度と繰り返さない決意を表した）の見直しを目論んでいます。また、この談話後すべての中学歴史教科書に載った「慰安婦」記述の削除を画策し、その結果、記述教科書は検定ごとに減り、２０１２年には完全になくなりました。これらは、板垣議員の発言のように彼らには「信念」や「誇り」の問題であって、１９９３年に政府が公表した第二次調査結果の多くの軍関係史料、調査の結論に当たる「第二次調査公表時の発表文―いわゆる従軍慰安婦問題について」等、客観的史実に反する行為です。こうして国民には歴史事実が教えられず、曖昧にされている現在の社会背景の中で、被害者の魂を踏みにじる議員・公人の歴史歪曲暴言が繰り返されています。

橋下徹市長の発言には、韓国・中国・フィリピンの被害者から抗議が届いています。こうした心的外傷を与える暴言には公的に反駁すべきであるとアメリカ下院やＥＵ議会等の決議や、２０１３年6月には国連の拷問禁止委員会の勧告が出されていますが、政府は、勧告には法的拘束力がなく従う義務がないと答弁する始末で、呆れる他ありません。

関釜裁判の下関判決は、被告国が「慰安婦」問題を解決しない「不作為はそれ自体が同女らの人格への新たな侵害行為となる」と述べていますが、現在の状況は議員・公人が単に不作為のみならず暴言を浴びせているのであり、被害者の人格への更なる人権侵害と言わなくて何と言ったらよいでしょうか。

歴史歪曲を断ち、一日も早い解決を！

韓国政府は２０１３年8月、日本政府に再び、請求権協定に基づく外交協議を申入れました。また私たちは２０１２年のアジア連帯会議で金学順さんが初めて名乗り出た8月14日を日本軍「慰安婦」メモリアル・デーと決定し、２０１３年から世界各地でそのデモを行い、更に8・14を国連記念日とするキャンペーンを開始しました。今や、存命の方も少なくなり時間がありません。安倍総理が、現在の紛争下の性暴力に憤激を表し、その被害者の支援、女性の社会進出や保健医療面の支援として30億ドルのＯＤＡを供与するのはさておき、順序としてその前に、自国の性暴力被害者に対し、事実を直視し、謝罪・補償をすべきです。これこそが人権国家の証です。

# III

# ヘイト・スピーチ規制の法と政策

# 日本におけるヘイト・スピーチ対策の現状

金尚均

## 表現の自由は万能の権利？

日本では、憲法19条で思想信条の自由が保障されています。個人の抱いている立派な考えや発想も、また社会的に見て有害または邪悪と見なされるそれも同じく国家は侵してはならないのです。個人の内心的自由が保障されなければ、人々は自由に物事を考え、世の中の出来事を観察し、評価し、はたまた創造することはできません。本来的に、思想信条の自由という権利は、自由主義や社会主義などの国家の政治体制に関係なく保障されなければいけません。これが常時制限されている社会では、人々が自分たちの力で社会を構成し、変化させることはほとんどあり得ません。そのようなことをするのは国家への謀反となります。思想信条の自由が保障されていない社会は、一握りの少数の者たちや独裁君主による支配によって全て統制された状態にあるといえ、逐一、支配者による統制と監視を受け、人々の考え方をも統制の対象とするので、そこには支配と服従の関係しか存在せず、また権利も常に一定の留保付きでしか認められず、そもそも「社会」というものは存在しないといえるでしょう。

人が自分の頭の中で物事を考えた際、もちろんこのことをずっと自分の心の中に閉まっておく場合もあります。そのような場合、通常ほとんど問題になることはない。これを世の中、つまり社会に向けて発信する場合に、思想信条の自由だけでなく、これを表現することが自由でないといけません。表現の自由の保障がなければ、思想信条の自由は絵に描いた餅です。思想信条の自由が保障されていたとしても、これを実践する自由がなければ、結局のところ、前者も保障されていないのに等しいと言わざるを得ません。その意味では、表現の自由は、人々が自由に物事を考え、世の中の出来事を観察し、評価し、はたまた創造する上でなくてはならない基本的人権なのです。憲法は、その前文において国民主権と民主主義の採用を宣言しておりますが、表現の自由はこれら2つの根本原理を現実の社会で実践するのに不可欠な権利と言っても過言ではありません。したがって、表現の自由は民主制と密接に関連しているのです。

しかし、表現の自由という権利を全ての市民が享受するとしても、これは何らの限定も課せられない絶対的なものではありません。人の表現行為には多種多様の形態がありますが、例えば、口頭によって他人に対してあからさまに傷つけるような言葉を発したような場合、この発言も表現の一種であることは明らかですが、表現の自由という権利行為として許容されるのでしょうか。言論によって傷つけられた人には名誉があります。人を傷つけるようなひどい言論によって従来その人の有している社会的評価が不当に低下させられるのです。表現の自由の名のもとに他人の名誉を傷つけてよいとは誰も言いません。ここで、表現の自由と個人の名誉との間に一定の調整が必要になってきます。表現の自由といえども他人の命を害する表現行為は制約を受けるということです。表現の自由とは、市民が社会における諸問題を自律的に解決するために人々に訴え、また国家権力の不正や怠慢に対して訴えることによって民主制の維持・発展に寄与するところに真骨頂があるのです。これとは正反対に、根拠なく他人の名誉を傷つける表現は、表現の自由の許容範囲を逸脱しています。表現の自由を逸脱した行為に対して、現行法上、どのような対応が可能なのでしょうか。

## 人の心を傷つける犯罪の状況

（個）人の名誉を毀損することは民法上不法行為であり（民法七一〇条、七二三条）、また刑法上も犯罪（刑法二三〇条、二三一条）とされています。刑法二三〇条は名誉毀損罪を（「公然と事実を摘示し、人の名誉を毀損した者は、その事実の有無にかかわらず、三年以下の懲役若しくは禁錮又は五十万円以下の罰金に処する。」）、同二三一条は侮辱罪（「事実を摘示しなくても、公然と人を侮辱した者は、拘留又は科料に処する。」）を規定して、言論行為によって他人の名誉を傷つける行為を禁止し、処罰しています。これらの規定から表現の自由という基本的人権であっても絶対的に保護されるわけではないことを推論することができます。一定の場合に言論行為は表現の自由の逸脱と評価され、犯罪とされるわけです。この一定の場合とは、他人の名誉を毀損する場合です。名誉とは個人の尊厳から導き出される具体的な権利であり、また、民主制の下では、本来対等で平等な関係に相互に立つ人々によって物事が決められなければならないはずであるということからすると、人々は個人相互間で隣人である他者を尊重しなければならないことは言うまでもありません。それが行われなければ、民主制の社会的前提である個人相互の対等な関係は成り立ちません。その際、名誉は個人の精神的権利であると同時に、民主制の基礎を構築してもいるのです。たとえ民主制において表現の自由が保障され、その上で議論をたたかわせることで最終的に合意や決定を生み出すことは根本的に重要であったとしても、他人に対して不当に傷つける言論までも表現の自由として保障されるのでは必ずしもありません。つまり、名誉を毀損する言論は表現の自由を逸脱しているのです。

「公然と事実を摘示」して他人を毀損した場合、名誉毀損罪が成立し、事実の摘示のない場合、侮辱罪となります。しかし、事実の摘示があったのか否かについては、実は大変微妙です。

## 京都裁判について

２００９年12月4日、京都にある朝鮮学校が、当学校に併存している児童公園に無断で私物を設置するなど、不法に公園を占拠しているとして、被告人A、B、CおよびDの4名は、他の構成員らと共謀の上、午後1時ころから約46分間にわたって、学校法人a学園が設置する朝鮮学校南側路上およびα橋公園において、Aら11名が集合し、日本国旗や「Z会」および「S会」などと書かれた各のぼり旗を掲げ、同校児童並びに学校関係者（計、百数十名）がいる同校前で怒声を張り上げ、拡声器を用いるなどして、「日本人を拉致したc傘下、朝鮮学校、こんなもんは学校でない」、「都市公園法、京都市公園条例に違反して50年あまり、朝鮮学校はサッカーゴール、朝礼台、スピーカーなどなどなどのものを不法に設置している。こんなことは許すことできない」、「北朝鮮のスパイ養成機関、朝鮮学校を日本から叩き出せ」、「門を開けてくれて、設置したもんを運び届けたら我々は帰るんだよ。そもそもこの学校の土地も不法占拠なんですよ」、「戦争中、男手がいないところ、女の人レイプして虐殺して奪ったのがこの土地」、「ろくでなしの朝鮮学校を日本から叩き出せ。なめとったらあかんぞ。叩き出せ」、「わしらはね、今までの団体のように甘くないぞ」、「早く門を開けろ」、「戦後、焼け野原になった日本人につけ込んで、民族学校、民族教育闘争ですか。こういった形で、至る所で土地の収奪が行われている」、「日本から出て行け。何が子どもじゃ、こんなもん、お前、スパイの子どもやないか」、「朝鮮ヤクザ」、「不法占拠したとこやないかここは」、「お前らがな、日本人ぶち殺してここの土地奪ったんやないか」、「約束というものは人間同士がするものなんですよ。人間と朝鮮人では約束は成立しません」、などと怒号して、同公園内に置かれていた朝礼台を校門前に移動させて門扉に打ち当て、同公園内に置かれていたサッカーゴールを倒すなどしたのです。被告人Cは、同日午後1時過ぎころ、前記α橋公園内において、前記学校法人a学園が所有管理するスピーカーおよびコントロールパネルをつなぐ配線コードをニッパーで切断して損壊したのです。

これについて京都地裁は、「政治的目的を有することの一事をもって公然と人を侮辱する行為がすべて許されることになるわけではない」。「その行為は、a学校の校門前において、被告人ら11名が集合し、約46分間にわたって拡声器を使うなどして被害者らに対する侮蔑的な言辞を大音量で怒号した上、被害者らの所有物を移動させてその引取りを執拗に要求するなどの実力行使に及んで喧噪を生じさせたものであり、許容される余地のない態様のものである」、「本件器物損壊行為を正当な政治的表現とみる余地はなく、また、関係証拠によっても、配線コードの切断が公園利用者の危険除去のために緊急に必要であったことはうかがわれない」、「被告人らの判示各行為は、いずれも正当な政治的表現の限度を逸脱した違法なものである」と判示しました（京都地判平23年4月21日LEX／DB【文献番号】25471643）。

これに対して被告人の一人が控訴した大阪高裁は、「憲法21条1項に定める表現の自由に当たる行為であっても無制限に許容されるものではなく、公共の福祉や他の人権との抵触による合理的な制限を受ける」、「侮辱罪の保護法益は社会的名誉と解されるところ、これは、自然人に特有のものではなく、自然人の集団にも、その集団の性格によっては個人と別に帰属するものであるところ、学校については、長年の教育、文化、芸術活動を通じて社会から一定の評価を受け、このような活動、評価に対し、現に在校する生徒、教職員のみならず、卒業生等も強い関心を持つものであるから、侮辱罪の保護法益たる名誉の帰属主体となる集団に当たるというべきである」と判示しました（大阪高判平23年10月28日LEX／DB【文献番号】25480227）。

以上の判決の意義としては、朝鮮学校生並びに朝鮮学校に対する侮辱的表現行為が犯罪であることが明らかにされたこと、他の朝鮮学校や外国人に対する「嫌がらせ」の抑止になること、そして排外的思想をもった団体や人々に対する一定の抑止ということをあげることができるように思われます。

しかし本刑事裁判で問題がないともいえません。なぜ、本件において原告である検察側は、名誉毀損罪として起訴しなかったのでしょうか。刑事訴訟法は、当事者主義を採用しており、訴訟当事者である原告・検察官が起訴状によって起訴した罪名について裁判官は有罪・無罪の判断を下すのです。その際、検察官が名誉毀損罪ではなく、侮辱罪としてのみ起訴すれば、前者に関して裁判所は審理することは基本的にはできません。本件では、被告人らの言論が日本の植民地支配に由来する第二次世界大戦中・戦後の歴史に密接に関係する事実でもあります。これらに照らして、名誉毀損罪で起訴した場合に予想される被告側からの反論に検察官としては引きずられたくなかったかもしれません。また、検察官としては、被告人らの言辞は評価としてのひどい悪口としか考えていなかったかもしれません。そのため、事実の真実性に争いが生じる名誉毀損罪で起訴するのを躊躇したのかもしれません。

余談ですが、日本の刑事裁判では、裁判官は、犯罪の認定の際に、「犯罪とは、構成要件に該当する違法でかつ有責な行為」(構成要件＋違法性＋責任)という定式にあてはめて判断します。被告人らの行為が二三一条の犯罪構成要件に該当すると判断されると、被告人らの行為の背景並びに事後の社会的波及効果などは考慮の枠から外れることになります。本来的に、市民の自由保障の見地からは犯罪の有無の枠組みはできる限り明確である必要があるのですが、二三一条の予定する類型・枠組みに被告人らの行為が当てはまるのか否かという客観的な側面に重点を置いて判断が行われることから、いわば行為の周縁的な要素が判断素材から除外されることがあります。本件では、被告人らの言論からしてあからさまな外国人に対する侮辱・差別発言であり、その背景には外国人に対する蔑視・差別観を推し量ることができます。また、この蔑視感は、日本の朝鮮に対する植民地支配に由来するものであり、日本に住むマジョリティとしての日本人からマイノリティである在日韓国・朝鮮人の人々に向けられており、同じくマジョリティに属する他の日本の人々に感情的共感を呼び起こす可能性があります。マジョリティからのマイノリティへの侮辱的・差別的言動は、マジョリティの意識の中に存在する優越意識・蔑視意識の表れであることから、マイノリティに対するシンボルやスティグマとしての意味をもっています。シンボルとしての侮辱的・差別的言動は同じマジョリティに属する人々に波及する効果を十分に持っています。一般に、マジョリティであること、マジョリティの意見に賛同することにある種の合理性や妥当性を感じ取ります。多くの人たちがもっている考え方や理解が正しい、多数とは異なる考え方は間違っていると思いがちです。蔑視感に由来するマジョリティによるマイノリティへのシンボルとしての言動は、同じくマジョリティに属する人々に抵抗感なく受け入れられる可能性があります。その言動が強いシンボル性をもつときには、「異質な」者に対する排除・攻撃への傾向が生まれるという強い波及効果があります。強いて言えば、マジョリティに「正義」があるということを根拠もなく大前提として考えてしまうと、異質な者は「敵」へと貶められるのです。そうすると「正義」と「敵」という単純で「わかりやすい」公式のもとで、マイノリティへの侮辱的・

差別的言動は正当化されるおそれがあります。決してヘイト・スピーチの言動の背景と波及効果は看過できません。

以上のように、ヘイト・スピーチが孕んでいる背景や波及効果を、従来の刑法の侮辱罪とその成立判断様式はくみ取れないという問題があります。

また、名誉毀損罪や侮辱罪は、基本的に具体的な個人の名誉の毀損に対して刑罰を科しています。このことは本件判決の論理からどのようなことを意味するのでしょうか。本判決は、侮辱罪の行為客体に、自然人に限定することなく、本件学校を自然人の集団として含めました。したがって、一定の具体的な集団に対する侮辱も本罪の適用範囲に含めることを明らかにした点で意義があります。本件では、学校に対する侮辱行為に対して有罪判決が下されたことになりますが、被告人らの言動が街宣や街頭デモなどで行われたとしたら同じく侮辱罪などの犯罪行為が成立するでしょうか。デモなどでは、具体的な個人などに対して誹謗中傷や侮辱的・差別的言動が行われるわけではなく、日本に住む外国人、とりわけ在日韓国・朝鮮人、中国人一般を対象としています。ここではある一定の属性を有する人々をターゲットにしており、特定可能な個人ではありません。名誉毀損罪や侮辱罪にしても具体的な個人の名誉、社会的名誉を保護しているのに対し、個別的な人格とはいえない一定の属性を有する人々に向けられた言動はその保護の範囲に含まれないのです。もう一度ここで本件に戻りますと、学校の前でまた学校に関連する事項について言動をしたからかろうじて犯罪となったと言えるが、そうでない場合には、本件被告人らの言論は侮辱罪としても処罰の対象にならない可能性が十分にあるのです。つまり、名誉毀損罪と侮辱罪との間に間隙が生じているのです。個人に対して行われるのと同様、またはそれ以上の社会的に有害な行為であるにもかかわらず、一定の属性を有する人々一般にむけられた誹謗中傷などは処罰対象とはなっていないのです。

## ヘイト・スピーチ規制は何を保護するのか？

結論から先に言いますと、名誉毀損罪・侮辱罪が個人の名誉を保護するのに対して、ヘイト・スピーチ規制では、「人間の尊厳」や「社会的平等」を保護すると考えます。従来から、教育や社会的啓蒙活動を通じて、個人に対する侮辱や差別行為をしてはならない、また人の出自や民族などの属性に対する同様の行為も同じくしてはならないことと教えられてきました。このことは、社会的に見て広く承認されています。個人の名誉を毀損することについては刑法上、民事上規制されています。ここでは個人の中核的権利である人格権とその具体化である名誉を毀損することから保護されるのです。

これに対して、属性に対する侮辱・差別行為は規制されていません。属性に対する差別的行為、例えば、差別デモが行なわれた場合、対等でかつ平等であるはずの人間によって構成される社会において標的とされている属性を持つ人々の社会的平等が毀損されるのです。なぜなら、そのような差別デモなどが、その属性だけを根拠にして正当な理由なく一定の行為を要求したり、また社会的に広めようとすることで、一定の属性を有する人々を蔑むことを社会的に促進し、彼らを同じ人として取り扱わないことを実体とするからです。このような意味で規制されていないことがイコール自由である、つまり表現の自由であることを必ずしも意味しません。そもそも表現の自由が万能の権利ではないことは名誉毀損・侮辱罪による制限から既知のことです。社会が変遷する過程において新たな諸関係や構造が生成され、また同時に新たな社会認識も生成されます。このような変化に対応して、一つの言論が表現の自由を根拠にして正当化されるかについても可変的であるというべきです。その意味で、差別的デモなどの表現行為を規制することが表現の自由を不当に制限するのかといえば必ずしもそうとは言えません。ただ、特定の個人に向けられていないこととの関係上、行為客体が特定されないことにともなって被害者が特定できないという事情から規制することを控えていたともいえ、必ずしも表現の自由として許容されるべき言論であることを理由とするわけではないのです。

社会においては、人々は、自己の歴史の一つとして出自、性向、民族などの属性を有することは実体として認識されています。社会の構成員である人々は、この属性に基づいて人格形成をし、自らのアイデンティティを形成・確保するのです。とりわけ社会の少数派となる属性を有する人々は、自己のアイデンティティを形成・確保するために自己の属性を強く意識することもあります。問題は、社会が単に何らの背景も持たない個人の集まりとして形成されているだけではなく、様々な属性を有する個人から形成されていることです。その意味で、社会的存在としての個人にとって、彼の有する属性もアイデンティティに含まれるのです。この属性に対して侮辱または差別的表現行為をすることは、該属性を有する人々を対等な人間とは見ず、社会における平等関係を毀損することにつながります。

特に、公共の場での外国人差別デモの蔓延・頻繁化は、このような差別的表現行為に対する規制を促す事情として理解することができます。その際、規制手段が法的なものであったとしても、即自的に表現の自由に対して萎縮効果を及ぼすと評価するのは早計ではないでしょうか。反対に、公共の場での差別的表現行為を表現の自由の名の下に「許容」することの方が該属性とこれを有する人々を社会的に否定・排除することになり、民主主義的社会の根本基盤である平等関係を毀損することになります。

ヘイト・スピーチと一言で言ったとしても、自分一人で自室でつぶやくのであれば、それは思想信条の自由です。ヘイト・スピーチの背景にある異なる属性を有する人々に対する差別的信条は必ずしも積極的に評価できるわけではないですが、これを公の場で他人に対して発せられない限り、これを法的に規制することは好ましくありません。人の思想や信条そのものに国家が介入することは思想統制であり、不変的では必ずしもなく、常に変転する可能を本来有している個人の思想信条の展開を阻止することを意味しており、まさに個人の尊厳を侵害することです。しかし、個人の思想信条に端を発する表現行為が他人を差別しまたは侮辱する内容であったり、誹謗中傷する内容であり、それが公の場で他人に向けられた場合、当表現は同じく思想信条の自由の範囲にあるとはいえません。それは、憲法一四条によって保障される平等権を侵害するからです。憲法一四条は、「すべて国民は、法の下に平等であつて、」の規定は、何も不平等な取扱いだけを問題にするだけではありません。例えば、法律上の不平等な取扱いはその効果として法の保護を受けられない人々をそうでない人々から区別することになります。それは法的権利の享受主体であることから排除されることを意味し、その結果、社会的に見て、その地位は「格下げ」されることになります。

また、社会において、一定の属性を有する人々に対する差別が現在するにもかかわらず、つまり、偏見などから差別的・侮辱的な表現行為が行なわれているにもかかわらず、これを放置した場合、このような行為は、いわば表現の自由へと包摂されてしまう可能性があります。そうであれば、法律上の不平等な取扱いだけを法の下の平等の内容と解することで、憲法そのものが一定の属性を有する人々の格下としての地位を是認することになりかねません。現行憲法が制定される以前から今日に至るまで存在する差別もあれば、社会の変遷の中で生じる差別もあります。それは現行憲法の制定の前後と様々であるとはいえ、人を不当に区別する行為に対しては国家として対処する必要があります。

不平等な取扱いは、不当に、他者を従属的な地位に貶めます。このような意味で、憲法一四条は不当な取扱いの禁止（=反別異）と不当に地位を格下げすることの禁止（=反従属）を包摂します。個人に対する差別的な表現行為はすでに人格権を侵害するものであり、刑法上、名誉毀損罪や侮辱罪で処罰されています。したがって、憲法一四条を引き合いに出すまでもなく、当表現行為は許容されません。すなわち、表現の自由の権利として保護に値しないのです。

日本は国民主権のもとで民主主義を政策決定の根本的制度として採用しております。民主制は、人種、信条、性別、社会的身分又は門地に関係なく、個々人が他者と等しい権利を有し、対等な関係にあることを大前提とします。こうした関係のもとで社会における諸決定のプロセスに関与することが等しく保障されなければなりません。上記の相違や経済的格差に関係なく、人々の政策決定プロセスに関与する機会の保障が具体的な内容です。そうでなければ、民主主義の実施は到底可能ではありません。これによって民主制の政治的な枠組みが形成されるのです。この枠組みは、政治的レベルだけでなく、その前提となる社会的レベルにおいても形成されなければなりません。社会生活において人々が他者との関係において対等であり、平等でなければ、政策決定プロセスへの関与は絵に描いた餅にすぎず、その実現は困難です。一定の人々を不当に差別することは、社会的レベルで彼らを他の者たちとは異なる、つまり対等ではない者たちと見なすことです。これは、対等ではないと見なされた者たちのあらゆる機会を奪うことになります。ないしは機会を得ることを阻害する。このような状態は、歴史が教えるように、政策決定プロセスへの関与のためのアクセスそのものを不可能にします。他の者たちとは異なる、つまり対等ではない者と見なすことは、個人に対して行われることが典型的ですが、それに限定されるわけではありません。

社会においては、人は属性を有しております。属性とは、生物学的、歴史的、社会的など、様々な背景をもって形成されてきました。人は個人として尊重されなければならないことは言うまでもありませんが、個人としての人はそれぞれ属性を有し、これを自己のアイデンティティとして認識する場合も多く、また自己の意思とは関係なく有する場合もあります。対等ではない者と見なすとか、差別することは、具体的な個人に対して行われる場合と、属性に対して向けられる場合があります。前者の場合、その個人が有する属性を理由に差別することが典型です。後者の場合、個人に対する差別の際に同時に属性に対しても差別が行われます。またある属性そのものに差別が行われることがあります。個人の有する属性ならびに一定の属性を有する集団に向けて発せられる侮辱的表現、つまりヘイト・スピーチは、社会的平等と民主主義の根本的基盤を危険にさらす行為といえます。

# ヘイト・スピーチ処罰は世界の常識

前田　朗

## はじめに――民主主義国家とヘイト・スピーチ規制

差別煽動デモに対する社会的批判は高まりましたが、議論の仕方を見ると、「表現の自由か、ヘイト・スピーチ規制か」といった二者択一の問題設定がなされています。

本人がどう考えているかは別として、この議論は「差別表現の自由」を認める議論になります。思考が転倒しているのではないでしょうか。むしろ、「表現の自由を守るためにヘイト・スピーチを処罰する」と考えるべきです。

また、「民主主義国家（社会）ではヘイト・スピーチの処罰はできない」という主張がなされることがあります。しかし、欧州諸国はほとんどすべてヘイト・スピーチを処罰しています。民主主義国家とは何を意味するのかを問う必要があるでしょう。

このような議論の背景には、次のような思考があるように思われます。

「日本国憲法二一条の表現の自由は無条件の保障であり、これはアメリカ憲法に倣ったものである。

アメリカ憲法判例では、表現の自由を手厚く保障しているので、ヘイト・スピーチを処罰するためには、結果発生の具体的危険性が明白な場合に限られる。」

直ちにいくつもの疑問がわきあがります。日本国憲法二一条の規定と、アメリカ憲法修正一条の規定は、一目見て、まったく異なる形式です。日本国憲法二一条がアメリカ憲法修正一条に倣ってつくられたという憲法学上の根拠はありません。両者の人権規定全体の構造からしてまったく違います。日本国憲法二一条の規定様式は、国際人権法の表現の自由の規定様式と類似しています。欧州諸国にも類似の規定が多数あります。また、日本国憲法第一一条や第九七条のような規定がアメリカ憲法には存在しません。

さらに言えば、アメリカを「民主主義国家」と呼び、欧州諸国は「民主主義国家」でないかのように唱える主張は、およそ理解できません。拷問や盗聴の先進国で、それが発覚しても常に開き直って済ますアメリカが、いかなる「民主主義国家」なのかを問い直す必要があります。

## 国際人権法におけるヘイト・スピーチ

### 国際人権法

国際人権法では、ヘイト・スピーチは法律で規制するべき犯罪と考えられています。

（1）国際自由権規約

国際自由権規約第二〇条一項は「戦争のためのいかなる宣伝も、法律で禁止する」とし、第二項は「差別、敵意又は暴力の煽動となる国民的、人種的又は宗教的憎悪の唱道は、法律で禁止する」としています。

注意すべきことは、差別の煽動がそれだけで規定されているのではなく、戦争宣伝の禁止とセットになっていることです。ナチス・ドイツは、市民の表現の自由を抑圧して戦争と差別に邁進しましたが、他方で、表現の自由を濫用して、戦争宣伝と差別の煽動を行ったからです。

言うまでもないことですが、国際自由権規約第一九条は表現の自由を定めています。第一九条第二項は「すべての者は、表現の自由についての権利を有する。この権利には、口頭、手書き若しくは印刷、芸術の形態又は自ら選択する他の方法により、国境とのかかわりなく、あらゆる種類の情報及び考えを求め、受け及び伝える自由を含む」としています。同時に、国際自由権規約第一九条第三項は「2の権利の行使には、特別の義務及び責任を伴う。したがって、この権利の行使については、一定の制限を課すことができる」とします。表現の自由は責任とともに規定されているのです。無責任の自由などありえないからです。

（2）人種差別撤廃条約

人種差別撤廃条約第四条は、差別煽動（ヘイト・スピーチ）の禁止を定めています。第四条は「締約国は、一の人種の優越性若しくは一の皮膚の色若しくは種族的出身の人の集団の優越性の思想若しくは理論に基づくあらゆる宣伝及び団体又は人種的憎悪及び人種差別を正当化し若しくは助長することを企てるあらゆる宣伝及び団体を非難し、また、このような差別のあらゆる煽動又は行為を根絶することを目的とする迅速かつ積極的な措置をとることを約束する。このため、締約国は、世界人権宣言に具現された原則及び次条に明示的に定める権利に十分な考慮を払って、特に次のことを行う」とし、次の3つを掲げています。

（a）人種的優越又は憎悪に基づく思想のあらゆる流布、人種差別の煽動、いかなる人種若しくは皮膚の色若しくは種族的出身を異にする人の集団に対するものであるかを問わずすべての暴力行為又はその行為の煽動及び人種主義に基づく活動に対する資金援助を含むいかなる援助の提供も、法律で処罰すべき犯罪であることを宣言すること。

（b）人種差別を助長し及び煽動する団体及び組織的宣伝活動その他のすべての宣伝活動を違法であるとして禁止するものとし、このような団体又は活動への参加が法律で処罰すべき犯罪であることを認めること。

（c）国又は地方の公の当局又は機関が人種差別を助長し又は煽動することを認めないこと。

このうち、第四条（a）（b）について、日本政府は条約批准の際に留保を付しています。第四条（a）（d）を日本国内で適用できないことが、ヘイト・スピーチ対策に関する障害となっているのです。

（3）ラバト行動計画

国連人権高等弁務官事務所は、2008年に「表現の自由と宗教的憎悪煽動」に関連して、国際自由権規約第一九条（表現の自由）と第二〇条（憎悪唱道の禁止）の関係を検討する専門家セミナーを開催し、次いで２０１１年～12年に、この問題の検討を深めるためにさらに一連のセミナーを開催しました。欧州ではウィーン（２０１１年２月９～10日）、アフリカではナイロビ（２０１１年４月６～７日）、アジアではバンコク（２０１１年７月６～７日）、そしてアメリカ州ではサンティアゴ（２０１１年10月12～13日）で開催し、世界各地の立法と政策を徹底的に調査したのです。その成果をまとめるために、ラバト（モロッコ、２０１２年10月４～５日）で専門家会議を開催し、「差別煽動禁止に関するラバト行動計画」を作成しました。主要な課題は、国内レベルでも地域レベルでも、差別、敵意、暴力の煽動に当たる国民的、人種的、宗教的憎悪の唱道に関する立法、司法、行政の実行を包括的に評価し、国際人権法によって保護された表現の自由を完全に尊重することです。

ラバト行動計画は、国際自由権規約や人種差別撤廃条約の義務を履行するために各国が採用している立法と政策の総合的研究に基づくもので、ヘイト・スピーチ法規制に関する最新かつ最高の研究となっています。人権高等弁務官は、表現の自由と差別煽動禁止に関連して次のように述べています。

「第一に、憎悪煽動として定義され、それゆえに禁止されるべき表現を他から区別する課題が、文脈に依存することが銘記されるべきである。その際、その地域の諸条件、歴史、文化的および政治的緊張関係といった、それぞれの事例の個別の状況が考慮に入れられなければならない。したがって、憎悪煽動に関係する事例について効果的な審判を下す過程においては、独立した司法権が不可欠の要素となる。」

「第二に、表現の自由の制限は、その目的について次のことが明白であるような仕方でのみ行われなければならない。制限の唯一の目的は、民族的、国民的または宗教的集団に属し特定の信念や意見を有する個人や共同体を、敵意、差別または暴力から保護することにあり、信念体系、宗教または制度をそれ自体として批判から保護することを目的とはしない。表現の自由への権利は、宗教的信念を含む信念体系、意見および制度を批判的に精査し、公然と論じ、批判することが、特定の個人や集団に対する暴力、敵意または差別を煽動する憎悪を唱導しない限りにおいて常に可能であるべきであることを意味する。」

「第三に、国内で行われる制裁に関しては、次の三つの表現形態を、注意深く区別することが必要不可欠である。(a) 犯罪と看做されるべき表現形態、(b) 刑法で罰することは出来ないものの民事訴訟を正当化する表現形態、(c) 刑法および民法による制裁を発生させないとはいえ、他人の信念に対する寛容、市民的礼節および尊重に関して憂慮すべき表現形態という。」

ラバト行動計画は、ヘイト・スピーチに関する国際人権水準の最新重要研究ですので、日本でもこれに学ぶ必要があります(前田朗「差別煽動禁止に関する国連ラバト行動計画」『統一評論』571〜575号、2013年)。

日本政府に対する勧告

日本に対して、国際人権機関から次々と勧告が出されてきました。

（1）人種差別撤廃委員会

２００1年と２０1０年の二度にわたって、人種差別撤廃委員会は、日本政府に対して、人種差別禁止法の制定と、ヘイト・クライム法の制定を勧告しました。

（2）人種差別問題特別報告者

２００6年、国連人権理事会のドゥ・ドゥ・ディエン人種差別問題特別報告者が、日本政府に対して、人種差別禁止法の制定を勧告しました。

（3）国連人権理事会

２０1２年10月２日、国連人権理事会で各国の人権状況を審査する「普遍的定期審査」において、人権理事会は日本政府に対して、人種差別禁止法の制定、ヘイト・スピーチ対策を勧告しました。当時の国連プレスリリースは次のようにまとめています。

「人種差別撤廃条約に沿って国内法において差別の定義を行い、年齢、ジェンダー、宗教、性的志向、民族又は国籍に基づくすべての形態の差別を禁止し、直接差別及び間接差別を違法とする特別立法を行い、管轄国内裁判所によって効果的な保護と補償にアクセスできるようにすること。」

（4）社会権委員会

２０1３年５月21日、国際社会権規約委員会に基づいて設置された社会権委員会が、日本政府報告書の審査結果として、日本政府に対して、次のように勧告しました。

「委員会は、搾取の永続的影響に対応し、かつ『慰安婦』による経済的、社会的および文化的権利の享受を保障するため、締約国があらゆる必要な措置をとるよう勧告する。委員会はまた、『慰安婦』にスティグマを付与するヘイト・スピーチその他の示威行動を防止するため、締約国が『慰安婦』の搾取について公衆を教育するよう勧告する。」

（5） 拷問禁止委員会

２０１３年5月31日、拷問等禁止条約に基づいて設置された拷問禁止委員会が、日本政府報告書の審査結果として、日本政府に対して勧告を出しています。

## 世界のヘイト・スピーチ規制法

ヘイト・スピーチ規制法は、欧州、アフリカ、アジア、アメリカ州の諸国に存在します。刑法典の中にヘイト・クライム規定が置かれるケースと、特別法に置かれるケースがあります。英米法では独自のヘイト・クライム法が制定されています。

欧州

「ヘイト・スピーチといえども表現の自由があるから、民主主義国家では処罰できない」という主張は事実に反します。これまで代表例としてドイツの民衆煽動罪が紹介されてきました（桜庭総『ドイツにおける民衆煽動罪と過去の克服』福村出版)。ここではその他の諸国を紹介しましょう。

(1)イギリス

1986年の公共秩序法があり、人種的憎悪を煽動する意図をもって侮辱的又は口汚い言葉や動作を用いたり、出版することを犯罪としています。人種的憎悪とは、皮膚の色、人種、国政又は民族的国民的出身によって定義づけられる集団に対する憎悪です。2006年の人種・宗教憎悪法も、憎悪を煽動する意図をもった脅迫言動を犯罪としています(師岡康子「イギリスにおける人種・民族差別撤廃法の発展」『自由と正義』2012年7月号)。

(2)フランス

多数の関連法律があります。1936年の法律は、出身、又は特定の民族集団、国民、人種又は宗教の構成員であるか構成員でないことに基づいて、人又は集団に対する差別、憎悪、暴力を教唆したことにより訴えられた結社に解散を命じる権限を大統領に与えています。2000年以後、3つの団体が解散命令を受けました。青年向け出版物に関する1987年改正法は、18歳未満の者に提供する出版物が人種差別や憎悪を含んでいて、青年にとって危険な場合、出版禁止権限を内務大臣に与えています。2004年の法律によって「人道に対する罪に疑いを挟む」犯罪(アウシュヴィッツの嘘)規定に修正が施されました。差別、憎悪又は人種主義、又は宗教的暴力の教唆、人道に対する罪に疑いを挟むこと、人種主義的性質の中傷、及び人種主義的性質の侮辱は、他のプレス犯罪に設けられている時効3か月に代えて、1年の時効とすることになりました。2005年刑法改正法は、公開ではない中傷、侮辱、差別的性質の教唆を犯罪とし、地方裁判所の管轄としました。公然たる中傷だけでなく、非公開の中傷も犯罪となることがあるのです。

（3）ポルトガル

刑法二四〇条「人種、宗教又は性的差別」は次のように規定しています。

刑法二四〇条1（a）人種、皮膚の色、民族的又は国民的出身、宗教、性別又は性的志向に基づいて、人又は集団に対して差別、憎悪又は暴力を煽動又は鼓舞する団体を設立し、又は組織的宣伝活動を行った者、又は（b）前項（a）で述べられた団体又は活動に参加した者、又は財政拠出などの支援をした者は、1年以上8年以下の刑事施設収容とする。

2．公開集会、文書配布により、又はその他の形態のメディア・コミュニケーションにより、又は公開されるべく設定されたコンピュータ・システムによって、（a）人種、皮膚の色、民族的又は国民的出身、宗教、性別又は性的志向に基づいて、人又は集団に対して、暴力行為を促進した者、（b）人種、民族的又は国民的出身、宗教、性別又は性的志向に基づいて、特に戦争犯罪又は平和に対する罪及び人道に対する罪の否定を通じて、人又は集団を中傷又は侮辱した者（以下略）。

（4）カナダ

刑法三一九条一項は、公共の場で平穏を侵害するような発言で、「識別される集団」に対する憎悪を煽動することを禁止しています。刑法三一九条二項は、私的な会話以外の発言で、「識別される集団」に対する憎悪を恣意的に促進することを禁止しています。カナダは人種主義暴力を通常の刑法で犯罪としています。暴力行為の煽動も、暴力行為が実際になされたか否かを問わず、犯罪とされているのです（独立教唆）。

以上の他、イタリア、スペイン、スイス、オーストリア、ノルウェー、スウェーデン、フィンランド、オランダ、ベルギー、デンマーク、アイルランド、アイスランド、ウクライナ、リトアニア、エストニア、モルドヴァなど多数の国にヘイト・スピーチ規制法があります。人権高等弁務官事務所の資料には「欧州のほとんどの国に何らかのヘイト・スピーチ規制法がある」と書かれています。「民主主義国家ではヘイト・スピーチを処罰できない」などという珍説を唱えるのは日本の憲法学者だけです（前田朗「ヘイト・クライム法研究の現在」村井敏邦先生古稀祝賀論文集『人権の刑事法学』日本評論社、同「ヘイト・クライム法研究の射程」『龍谷大学矯正・保護総合センター研究年報』第2号）。

アフリカ

アフリカの法制度は多様です。北アフリカのイスラム諸国ではイスラム教の影響が大きく、その他の多くの諸国では旧植民地時代の宗主国の法体系の影響を受けている国も少なくありません。ヘイト・スピーチ法は必ずしも多くはありませんが、以下では国連人権高等弁務官事務所の資料を基に、代表的なものを紹介しましょう。

（1）アイボリー・コースト

2008年の刑法改正（法律2008―222号）によって刑法第一九九条（人種主義、外国人嫌悪、部族主義、人種差別、宗教差別）、第二〇〇条（前記の処罰規定）、第二〇〇条の一（名誉毀損罪）などを定めています。

（2）エジプト

刑法第九八条は煽動をしたり、宗教を貶めたりする観念の促進・表明を犯罪としています。刑法第一七六条は「人種、出身、言語、信念ゆえに人々の集団の一つに対する差別を教唆した者が、教唆によって公共の秩序を害した場合、刑事施設収容される」とします。刑法第一七八条は、公共の道徳を侵害する文書、広告、写真、シンボリックなものを製造・所有することを犯罪としています。

（3）ギニアビサウ

刑法第一〇二条「人種差別」は「差別、憎悪、人種暴力を煽動し、鼓舞する組織を設立した者、組織的宣伝に加わった者、以上の組織や活動に参加した者、財政支援をした者は、1年以上8年以下の刑事施設収容とする。公開集会で、文書、アナウンス、その他の社会的伝達手段によって、人種差別を煽動又は鼓舞する意図をもって、人種又は民族的出身ゆえに個人又は集団に対して暴力行為を惹起した者は、1年から5年の刑事施設収容とする」としています。

（4）リビア

刑法第三一八条は、公共の秩序を乱す方法で集団に対して公然と憎悪又は侮辱の煽動をした者は処罰されるとしています。

（5）モロッコ

プレス法第三八条は、公共の場所又は集会で演説、叫び、威嚇によって、文書、印刷物で、公共空間におけるポスターによって、オーディオ・ヴィジュアルや電子メディアによって、挑発を行ったことを犯罪としています。プレス法第三九 bis 条は、同じ手段によって、人種、出身、皮膚の色、民族、宗教ゆえに、個人又は諸個人に、人種差別、憎悪、暴力を煽動した者、戦争犯罪や人道に対する罪を支持した者を処罰するとしています。

(6) シエラレオネ

公共秩序法第二〇条は戦争宣伝を禁止し、第四四条第一項は差別、敵意、暴力にあたる国民的人種的宗教的憎悪の唱道を禁止しています。

(7) タンザニア

刑法第四三条は、法的権限がないのに、個人又は人の集団に対する戦争や戦争類似の事態を行い、行う準備をし、準備することを犯罪としています。刑法第五五条は、暴力の煽動及び差別、敵意、暴力にあたる国民的宗教的憎悪の唱道を犯罪としています。

(8) ジンバブエ

法と秩序維持法第四四条第一項は、差別、敵意、暴力にあたる国民的人種的宗教的憎悪の唱道を禁止しています。

以上のように、アフリカにおいても、刑法や特別法にヘイト・スピーチ規定が置かれている国があります。実際の適用事例が明らかでないため、ここから結論を引き出すことは容易ではありませんが、欧州やその他の地域の法制度をともに見るならば、ヘイト・スピーチ処罰が世界的傾向であることの傍証となります。

アジア

アジアも広大な地域に及び、さまざまな法制度を持っているため、単純な比較はできません。人権高等弁務官事務所の資料では、欧州、アフリカ、ラテン・アメリカと区別されたアジア太平洋地域を一括して、資料を整理しています。アジアにおけるヘイト・スピーチ規制法をいくつか紹介しましょう。

(1) ブルネイ

刑法第二九八条　人の宗教感情を傷つける故意をもって、その人に聞こえる言葉を発し、音声を発した者、又はその人に見えるようにジェスチャーをした者、又はその人に見えるように物を提示した者は、1年以下の刑事施設収容、又は罰金とし、又は両刑を併科する。

刑法第五〇五条　ある階級や人々の共同体に、他の階級や人々の共同体に対する犯罪を行うよう煽動し、又は煽動しそうな演説、噂又は報告を行い、出版し、回覧した者は、5年以下の刑事施設収容又は罰金に処する。

(2) カンボジア

刑法第五九条は、重罪実行の煽動（文書、出版物、デッサン、彫刻、絵画、記章、フィルム又はその他）を処罰することとするとともに、次のように規定しています。

刑法第六一条　第五九条に掲げられた手段の一つによって、差別、敵意又は暴力にあたる国民的人種的宗教的憎悪を挑発した者は、1月以上1年以下の刑事施設収容、又は100万以上1000万リエル以下の罰金とし、又は両刑を併科する。

（3）インドネシア

刑法第一五六条　インドネシア住民の一又は複数の集団に対する敵意、憎悪、侮辱の感情を公然と表明した者は、4年以下の刑事施設収容、又は300ルピアの刑に処する。本条及び次条において、集団とは、人種、出身国、宗教、出自、世系（門地）、国政又は憲法上の地位によって、インドネシア住民の他の部分と区別される住民の一部を意味する。

（4）マレーシア

刑法第二九八条　人の宗教的又は人種的感情を傷つける故意をもって、その人に聞こえる言葉を発し、又は音声を発した者、又はその人に見えるようにジェスチャーをした者、又はその人に見えるように物を提示した者は、3年以下の刑事施設収容、又は罰金とし、又は両刑を併科する。

マレーシア刑法第二九八条Aは、異なる集団間の敵意の促進も犯罪としています。

（5）ミャンマー

刑法第五〇五条（d）　ある階級や人々の共同体に、他の階級や人々の共同体に対する犯罪を行うよう煽動し、又は煽動しそうな演説、噂又は報告を行い、出版し、回覧した者は、2年以下の刑事施設収容又は罰金とし、又は両刑を併科する。

(6) シンガポール

刑法第二九八条　人の宗教的又は人種的感情を傷つける故意をもって、その人に聞こえる言葉を発し、又は音声を発した者、又はその人に見えるようにジェスチャーをした者、又はその人に見えるように物を提示した者、又はその人に見えるか聞こえるように出来事を惹起した者は、3年以下の刑事施設収容、又は罰金とし、又は両刑を併科する。

(7) ヴェトナム

刑法第八七条　人民管理を阻害するために以下の行為のいずれかを行った者は、5年以上15年以下の刑事施設収容に処する。(b) ヴェトナム国民の共同体に憎悪、民族的偏見及び/又は分断をまき散らし、平等の権利を侵害すること。

(8) バングラデシュ

刑法第一五三条Aによると、異なる階級間の敵意や憎悪の感情を促進し、又は促進しようとする行為は刑事制裁の対象です。

(9) ブータン

刑法第四五八条によると、国民的、人種的、民族的、言語的、カーストに基づいて、又は宗教的に、暴力を煽動する憎悪を唱道した場合、市民に不安を引き起こす犯罪とされています。

(10) アルメニア

刑法第二二六条　1. 国民的、人種的、宗教的憎悪の煽動、人種的優位性又は国民の尊厳を侮辱するための行為は、200以上500以下の基本給与の罰金、又は2年以下の矯正労働、又は2年以上4年以下の刑事施設収容に処する。2．本条第1項に掲げられた行為であって、（a）公然と又はマスメディアを通じて、暴力又は暴力の威嚇、（b）公的地位の濫用、（c）組織された集団によるものについては、3年以上6年以下の刑事施設収容に処する。

(11) アゼルバイジャン

刑法第二八三条　民族的、人種的、社会的又は宗教的憎悪及び敵意を煽り、又は民族的誇りを損傷するための行為、及び市民の権利を制限し、又は市民に、その民族的、人種的出身、社会的地位、宗教への姿勢に基づいて特権を与える行為は、それらの行為が公然と又はメディアを用いてなされた場合、1000以上2000以下の名目金額の罰金、又は3年以下の自由の制限、又は2年以上4年以下の刑事施設収容に処する。

(12) キルギスタン

刑法第二九九条によると、国民的、人種的、宗教的憎悪は特別な犯罪とされています。

(13) ウズベキスタン

刑法第一五六条によると、民族的、人種的、宗教的憎悪の煽動は5年以下の刑事施設収容とされています。

以上のように、アジアにもさまざまなヘイト・スピーチ規制法があります。これらの相互関係や、憲法体系の中における位置づけや、実際の適用事例を明らかにすることはこれからの課題です。

ラテン・アメリカ

アメリカ州では、アメリカ合州国にヘイト・スピーチ規制法がないことと、カナダには規制法があり、実際に適用されていることがこれまでの研究において紹介されています。ここでは、それ以外のラテン・アメリカ地域についていくつか紹介しましょう。人権高等弁務官事務所の資料には条文も詳しく掲載されていますが、スペイン語やポルトガル語の資料は今回は割愛して、以下では英語資料に限って紹介します。

（1）セントルシア

刑法第三五八条（ジェノサイドの唱道）ジェノサイドを唱道又は促進した者は、訴因犯罪につき有罪とし、15年以下の刑事施設収容に処す。

同条四項　本節において「特定できる集団」とは、皮膚の色、人種、宗教又は民族的出身によって区別される講習の一部を意味する。

刑法第三五九条（憎悪煽動）公共の場における発言の発表によって、特定できる集団に対する憎悪を煽動した者は、その煽動が平穏を侵害しそうになった場合、訴因犯罪につき有罪とし、15年以下の刑事施設収容に処す。

同条二項　私的会話以外の発言の発表によって、特定できる集団に対する憎悪を故意に促進した者は、訴因犯罪につき有罪とし、10年以下の刑事施設収容に処す。

（2）アンティグア・バーブーダ

ジェノサイド法第五条に「ジェノサイドを行わせるために直接又は公然と煽動する犯罪」が明示されています。同法第六条でも「ジェノサイドを行う共謀又は煽動」が明記されています。

公共秩序法第三三条一項　次の者は本節における犯罪について有罪に処す。（a）威嚇、虐待、侮辱となる文書を出版又は配布した者、（b）公共の場又は公開集会で、威嚇、虐待、侮辱の言葉を用いて、人種、出身地、政治的意見、皮膚の色又は信条によって区別される公衆の構成員又は一部に対して、憎悪を引き起こし、又は引き起こしそうになった者。

（3）ガイアナ

人種敵意法第二条一項　その人種を理由に、公衆の一部又は個人に対して、敵意又は悪意を故意に煽動し、又は煽動しようとした者は、有罪に処する。（a）公共の場で言葉を発し、又は無線有線によって公衆に伝達した場合、（b）自分で言葉を発し、又は公共の場で他人に記録を伝達した場合、（c）印刷物を含む文書や図画を出版する方法によって。

（4）ジャマイカ法

他人に対する犯罪法第三三条　ジェノサイドを唱道又は促進した者は、訴因犯罪につき有罪とし、10年以下の刑事施設収容とし、労役を課すことができる。

放送ラジオ法第三〇条は、人種、皮膚の色、信念、宗教又は性別に関して他人を貶める言説に許可を与えないとし、暴力や犯罪活動の煽動も犯罪としています。

（5）トリニダード・トバゴ

治安法第三条は、社会に特定の一部の人々に対する悪意または敵意の感情を作り出し、促進することを犯罪としています。人種、皮膚の色、宗教、職業などを掲げています。

(6) バハマ

行政法規のコミュニケーション法は、「民族、国籍、人種、ジェンダー、性的志向、年齢、宗教又は心身の障害を根拠に、個人又は集団に対して憎悪を煽動しそうになること」を行政犯としています。

以上のように、アメリカ諸州にも多数のヘイト・スピーチ規制法があります。

なお、憲法学では、アメリカ合州国ではヘイト・スピーチ処罰はひじょうに困難であることだけが語られますが、アメリカ合州国では「ジェノサイドの煽動」は犯罪とされています。日本ではジェノサイドの煽動も犯罪とされず、処罰は困難とされています。この意味では、日本はアメリカに学んでさえいないことになります。

## ヘイト・スピーチ処罰事例

欧州諸国のヘイト・スピーチ法の実際の適用事例も見ておきましょう。

世界には、裁判所の判決を手にすることが必ずしも容易ではない国家がたくさんあります。判例法主義の英米法（イギリス、アメリカ、カナダ、オーストラリアなど）では多くの判決が印刷出版されますし、今ではインターネットで入手することもできます。日本は制定法主義の国ですが、それでも判決はかなり印刷出版されます。欧州諸国は、国によって違いはありますが、英米や日本ほど判決が印刷出版されていません。アフリカ、アジアなどの諸国では、判決を入手することはさらに困難なようです。

以下では欧州諸国の適用事例を紹介します。

（1）フランス

2013年7月2日、「欧州連合（EU）欧州議会は、フランスでイスラム系移民らに対するヘイト・スピーチ（憎悪発言）が問題とされている極右政党『国民戦線』のマリーヌ・ルペン党首の不逮捕などの免責特権をはく奪することを決めた」、「ルペン氏は2010年に、イスラム教徒が路上で祈りをささげることを『軍事力によらない占領』と表現。『宗教上の理由で特定集団への憎悪などを煽動した罪』に当たるとしてフランスの司法当局から事情聴取に応じるよう求められていたが、応じていなかった」（『共同通信』2013年7月3日）。ルペンは欧州議会議員であるため不逮捕特権を有していますが、これによってフランス司法が作動することになり、訴追される可能性が高くなりました。

（2）イタリア

2009年10月、ヴェニス司法裁判所は、トレヴィソ副市長のジャンカルロ・ジェンティリニを人種的憎悪で有罪とし、4000ユーロの罰金、及び3年間の公共集会参加禁止を言い渡しました。ジェンティリニは、2008年、ヴェニスで開かれた北部同盟党の集会で移住者に対する侮辱的言葉を侮辱的調子で用いました。

（3）ウクライナ

オデッサで発行された『われらの任務』に「最良のユダヤ人を殺せ」という記事を掲載した編集者ヴォリン-ダニロフは、2009年1月、オデッサのプリモルスク控訴審で、刑法第一六一条二項違反として、18か月の自由剥奪となりました。

（4）ノルウェー

2003年7月、新聞のインタビューで、ナショナリスト組織指導者が次のように述べました。「ユダヤ人を根絶するために、社会で力を手にしたい」、「ユダヤ人が主敵だ。奴らはわれわれを殺してきたじゃないか。邪悪な殺人者だ。人間じゃなくて、始末しなければならないパラサイトだ」、「ユダヤ人はわれわれを何百万も殺してきた」。2007年12月の最高裁判所は、犯行者は明らかにユダヤ人の統合を侵害する行為を助長したとし、この発言は重大な性格を持った侵害であり、集団の人間の尊厳を貶めたのであり、刑法第一三五条に違反するとしました。

以上のような例はいくらでも列挙できます。欧州諸国では、ヘイト・スピーチ処罰は当たり前のことです。つまり、「民主主義国家ではヘイト・スピーチの処罰はできない」という主張は事実に反します。

## 日本国憲法に基づいた処罰

ヘイト・スピーチ処罰の世界的動向を紹介してきました。それでも一部の法律家やジャーナリストは「表現の自由が大切だからヘイト・スピーチ処罰をしてはならない」と強弁します。表現の自由の意味を理解していないからです。

第一に、日本国憲法第二一条は「一切の表現の自由」を保障しているという理解です。日本国憲法第二一条一項は「集会、結社及び言論、出版その他一切の表現の自由は、これを保障する」としています。「その他一切」とは、集会、結社及び言論、表現と並列して記されているもので、表現手段の差異を問わないという趣旨です。何でもありの無責任な表現の自由を保障する趣旨ではありません。そのような解釈は憲法第一一条と第九七条を無視するものです。

第二に、歴史的教訓です。国際人権法や欧州の立法は、二つの歴史的経験に学んでいます。一つは、ファシズムが表現の自由を抑圧して、戦争と差別をもたらしたことです。もう一つは、ナチス・ドイツのユダヤ人迫害のように、表現の自由を濫用して戦争と差別がもたらされたことです。両方を反省しているから、国際自由権規約第一九条は表現の自由を規定し、同二〇条が戦争宣伝と差別の唱道の禁止を掲げているのです。日本では、前者ばかり強調し、後者の反省を踏まえようとしません。

第三に、表現の自由の理論的根拠です。一般に表現の自由は、人格権と民主主義を根拠とするとされます。それでは新大久保に大勢で押し掛けて「朝鮮人を叩き殺せ」と叫ぶことは、誰の、いかなる人格権に由来するのでしょうか。日本国憲法第一三条は人格権の規定と理解されています。第一三条を否定するような殺人煽動を保障することが憲法第二一条の要請と考えるのは矛盾しています。第二一条よりも第一三条が優先するべきです。民主主義についても同じです。「朝鮮人を叩き出せ」と追放や迫害の主張をすることは、欧州では人道に対する罪の文脈で語られる犯罪です。これこそ民主主義に対する挑戦です。

第四に、法の下の平等を規定する憲法第一四条を無視してはなりません。「すべて国民は、法の下に平等であつて、人種、信条、性別、社会的身分又は門地により、政治的、経済的又は社会的関係において、差別されない」とする第一四条は、日本国籍者だけではなく、日本社会構成員に適用される非差別の法理です。第一四条が第二一条より優先することも言うまでもありません。

日本国憲法は、人格権、民主主義、法の下の平等、表現の自由を保障していますが、その具体的内容はそれらの合理的なバランスの下に保障する趣旨です。人格権、民主主義、法の下の平等を全否定する「差別表現の自由」が保障されるはずもないのです。

# 人種差別を克服するための国際人権基準に合致する法制度の検討

師岡康子

## 総合的差別撤廃政策――法制度の必要性

本書第2章で見てきたように、ヘイト・スピーチは、マイノリティの心身・生活・生命に深刻な害悪をもたらし、また、社会にも、差別と暴力を蔓延させ諸民族間の平等を前提とする平和的な友好関係を破壊し、戦争やジェノサイドを誘引する害悪をもたらします。そのような深刻な法益侵害を阻止する必要性、緊急性を直視すれば、法規制の必要性は明らかでしょう。

これらは国際的な共通認識になっており、国際人権基準を形成しています。日本も、ヘイト・スピーチの法規制を求める国際自由権規約（1979年）と人種差別撤廃条約（1995年）に加盟しています。ヘイト・スピーチは、自由権規約第20条の「差別、敵意又は暴力の煽動となる国民的、人種的又は宗教的憎悪の唱導」及び人種差別撤廃条約第2条1項dの「個人や集団、組織による人種差別」及び第4条本文の「差別の煽動」にあたります。ですので、締約国である日本は、「法律で禁止」（自由権規約）し、また、「禁止し、終了させ」「迅速かつ積極的な措置をとる」（人種差別撤廃条約）法的義務を負っています。しかし、日本は未だ法整備をしていません。特に、不特定の集団に対するヘイト・スピーチは原則として法規制する手段がありません。日本は30年以上にも渡り、国際人権法上の義務に違反しているのです。

## ヘイト・スピーチ法規制と表現の自由

日本政府は、２０１３年1月に国連人種差別撤廃委員会（以下、「委員会」）に提出した「第７・８・９回報告書」（外務省ウェブサイト参照）においても、「正当な言論までも不当に萎縮させる危険を冒してまで処罰立法措置をとることを検討しなければならないほど、現在の日本が人種差別思想の流布や人種差別の煽動が行われている状況にあるとは考えていない」と主張しています（第71及び72項）。同年5月の国会で、安倍晋三首相は、新大久保・鶴橋などの排外主義デモに関して憂慮を表明しましたが、雑誌のインタビューでは「法律で取り締まるのではなく、国民の良心を信じ、自主的にそうした行為がなくなっていくのが理想的」と述べており（「文藝春秋」２０１３年8月号）、依然として法規制を含む具体策は何もとろうとしていません。

ヘイト・スピーチ規制が正当な言論を委縮させる危険性があることは、表現の制限である以上、否定できません。しかし、表現の自由といっても無制限ではなく、他人の人権を侵害する場合制約されることは当然です。実際、脅迫罪、名誉棄損罪、侮辱罪などは世界各国で設けられていますが、これらは表現の自由を規制するものです。それでも、他人の人権を侵害するものであるから、規制が認められているのです。同様に、ヘイト・スピーチも、前述のように深刻で危険な人権侵害を生じさせるのですから、規制が認められるべきです。委縮させる危険性があるから放置するのではなく、その危険性を最小限度に抑え、表現の自由との調和を図りつつ、規制する条項を具体的に検討すべきでしょう。それが国際人権基準の求めていることであり、多くの国が実践していることです。なお、ヘイト・スピーチと表現の自由との関係の詳細な検討は、本書第3章金及び、拙稿「試論　ヘイト・スピーチ規制法のマイノリティに対する濫用の危険性と人種差別撤廃条約」(『龍谷大学矯正・保護総合センター年報』第2号、２０１２年)等をご参照ください。

ヘイト・スピーチのもたらす害悪とその原因

ヘイト・スピーチをどのように規制すべきか考える出発点として、ヘイト・スピーチとは何かの検討が必要です。ヘイト・スピーチの本質は、歴史的に形成された構造的な差別に日常的に苦しめられているマイノリティをターゲットとして、差別を煽り、侮蔑し、傷つけ、排除する言動による排外的な攻撃であり、迫害です。何世代にも亘る差別の苦しみを引き継ぎ、かつ、日常的に、様々な理不尽な差別的取り扱いをされ、民族的・人格的尊厳、アイデンティティを傷つけられ苦しめられている人々に対するものだからこそ、ヘイト・スピーチという言葉の暴力はその心身に極めて深刻な民族的、歴史的害悪をもたらします。ヘイト・スピーチの本質は差別であり、歴史的に形成された差別構造と切り離すことができません。

たとえば、現在排外主義デモの主要なターゲットとなっている在日朝鮮人（本稿では、国籍如何に関わらず、旧植民地出身者及びその子孫である朝鮮半島出身者を指します）について考えてみます。政府は、植民地支配の結果、戦後も日本での生活を余儀なくされていた約60万人の在日朝鮮人に対し、植民地支配のもたらした甚大な害悪について何の謝罪も償いもしないどころか、戦後一貫して、出入国管理法と外国人登録法（2012年7月に廃止、入管法に一本化。法制度の変遷は田中宏『在日外国人――法の壁、心の溝　第三版』、岩波書店、2013年参照）により、監視の対象としてきました。1952年のサンフランシスコ平和条約発効の際に、政府は旧植民地出身者に国籍選択権を保障せずに民事局長通達一本で無権利の「外国人」としました。その後も、国籍法における血統主義及び日本国籍取得の厳しい条件設定などを設けました。それで、在日朝鮮人に対する差別は、主要に国籍差別―外国人差別の形態をとってきました。1965年に入管局の官僚が書いた「外国人は煮て食おうと焼いて食おうと勝手」（池上努「法的地位200の質問」（京文社、1965年）との政府の姿勢は基本的には変わっていません。1975年のサミット発足によりベトナム難民受入を認めざるを得なくなり、そのための一定程度の国内法整備をするまでは、政府は、医療や年金、公営住宅などから公的に排除し差別してきました。現在も、戦争犠牲者援護関連法の国籍条項による排除、原則として外国籍者は公務員になることができないこと、教育が権利として認められていないこと、高齢の無年金者に対する経過措置がとられていないこと等、公的な差別があります。民間でも、就職差別、入居差別、入店差別、結婚に際しての差別など、社会的なあらゆる場面で根強い差別があります（詳細は在日コリアン弁護士協会『裁判の中の在日コリアン　中高生の戦後史理解のために』現代人文社、2008年参照）。それゆえ、差別を避けるため、日本の学校に通っている在日朝鮮人の子どもたちの8、9割は、民族名ではなく「通名」を使い、自らの民族的アイデンティティを隠すことを余儀なくされています。マジョリティなら考えたこともない、自分の本名を名乗るか否かというアイデンティティの根幹にかかわることについて、子どものときから日常的に苦しめられているのです。このように、日本社会の構造的差別により理不尽な自己否定感に苛まされてきた人たちに対し、ヘイト・スピーチは直接的に言葉で、価値がない、人間ではない、劣等だとのメッセージを言葉の刃でつきつけるものだからこそ、心身に耐え難いダメージを与えるのではないでしょうか。

また、現在焦点化している民間の排外主義デモは、安倍政権自体が強制連行、日本軍「慰安婦」問題など、戦前の侵略や植民地支配の責任を否定し、韓国・朝鮮・中国に対し好戦的姿勢をとり、さらに朝鮮学校を高校無償化制から除外する政策を発表するなど、朝鮮バッシングを強めていることにより、今年に入って過激化、頻繁化しました。鈴木寛民主党参議院議員（当時）は、今年5月の国会での質問において、調査会社「ブームリサーチ」が、安倍政権発足直後の2012年12月31日から2013年4月1日にかけて、ネット上の「在日」「韓国人」「朝鮮人」という言葉の使用頻度を調査した結果、「在日」は7、500余りから25、000近くへ、「韓国人」は約6、000から20、000件を超え、「朝鮮人」も5、000から13、000と増加したと述べています。

以上より、ヘイト・スピーチの法規制を考える際に、法規制のみでは不十分であり、侵略と植民地支配の歴史的責任を直視し克服する取り組み及び戦後の差別政策の洗い直しが必要であり、社会全般にはびこる差別構造全体を撤廃する取り組みが不可欠といえるでしょう。本稿では、差別を撤廃する政策と法制度、その中に位置づけられるヘイト・スピーチ法規制について、国際人権基準に照らして検討します。

## 日本の人種差別撤廃政策の現状

そこで、日本の人種差別撤廃政策の現状を見てみると、極めてお粗末といわざるを得ません。特に、国籍差別についての無策ぶりは、他の差別問題と比較してみても、際立っています。女性については「男女雇用機会均等法」（1986年）「男女共同参画社会基本法」（1999年）、障がい者については「障害者基本法」（1970年）「障害者差別解消法」（2013年）、被差別部落については「同和対策事業特別措置法」（1969年、時限立法）、アイヌの人々については「アイヌ文化の振興並びにアイヌの伝統等に関する知識の普及及び啓発に関する法律」（1997年）が、それぞれ大変不十分ながらも制定されました。しかし、外国人については、これまで監視法しか存在しておらず、人権や差別撤廃の観点からの法律は存在しません。外国人への差別に対する基本的な政策――基本法もなく、それゆえ当然に、政府内に担当省庁もありません。

実際、政府はヘイト・スピーチ問題のみならず、人種差別問題全体を現在に至るまで直視していません。例えば、2010年1月の人種差別撤廃委員会に提出した文書で、「現状が、既存の法制度では差別行為を効果的に抑制することができず、かつ、立法以外の措置によってもそれを行うことができないほど明白な人種差別行為が行われている現状にあるとは考えていない」(「事前質問回答書」問6に対する回答」2(2)等)と述べています。

しかし、政府は、これまで委員会から、人口の国籍別のみならず民族別の構成や、マイノリティの経済的、社会的指標に関する情報等を提供するよう勧告されています(2001年総括所見第7項、2010年総括所見第11項)が、それを無視し、一度も全国的な差別の実態調査を行ったことがありません。それなのになぜ、深刻な差別がないと認定ができるのでしょうか。むしろ、差別の実態を認識しているから、調査を行うと深刻な実態が数字として明らかになるので、差別と直面することを避けたいがために、あえて調査を避けてきたのではないでしょうか。政府自らが差別政策をとってきたからこそ、民間における差別からも目を背けてきたと言えるでしょう。

差別の対象であるマイノリティに関しても、政府は1980年、日本には存在しないと表明したほどです(国連自由権規約委員会への第一回報告書)。多くの批判を受け、やっと1991年に、アイヌ民族のみを認めました(同第三回報告書)。しかし、依然として、在日朝鮮人や沖縄の人々、被差別部落の人々について、現在に至るまでマイノリティーとして認めていません。

政府は、このような基本姿勢を改め、差別の歴史と現状を直視し、ヘイト・スピーチ規制を含む、包括的で具体的な差別撤廃政策を打ち立てる責任があります。その際、当面の目標とすべきなのは、国際人権基準です。日本は、国連の主要な9つの人権条約のうち、前述の2つの条約のほか、社会権規約（1979年批准）、女性差別撤廃条約（1985年批准）、子どもの権利条約（1994年批准）にも加盟しています。法的拘束力を有する条約を中心に、宣言、勧告、行動計画など、世界における豊富な反差別の取り組みの生み出した果実です（本書第3章前田論文及び阿部浩己他『テキストブック国際人権法』第三版、日本評論社、2009年参照）。

人種差別撤廃に関する国際人権基準の大枠

国際人権基準において、差別撤廃政策の基本となるのは、差別禁止法です。例えば、人種差別撤廃条約は、締約国の基本的義務として差別の「撤廃及びあらゆる人種間の理解を促進する政策をすべての適当な方法により遅滞なくとる」（第2条1項本文）よう定めていますが、法治国家においては、その「方法」の柱は「法律」です（同条1項c・d及び第4～6条）。そして、加盟国のほとんどは、条約加盟時もしくはその後に、何らかの人種差別禁止法（ヘイト・クライム法やヘイト・スピーチ法を含む）を制定しています。しかし、日本は人種差別撤廃撤廃委員会のディアコヌ委員から、日本は条約に加盟していても何一つ法律は変わっておらず、あたかも日本では本条約が存在しないかのようだと皮肉られている有様です（2001年の委員会による日本審査の際の発言。反差別国際運動日本委員会編集・発行『国連から見た日本の人種差別』、2001年、152頁参照）。

また、人種差別禁止法を作るよう、同委員会からのみならず、差別に関わるすべての国連の機関から勧告されています（社会権規約委員会、自由権規約委員会、子どもの権利に関する委員会、女性差別撤廃委員会、国連人権理事会「普遍的定期的審査」、国連「現代的形態の人種主義、人種差別、外国人嫌悪及び不寛容に関する特別報告者」、国連「移住者の人権に関する特別報告者」等）。

条約のみならず、国連事務局は、２００１年のダーバンでの反人種主義世界会議に向けて、加盟国に国内法の制定を促すため、反人種差別国内モデル法を作りました（反差別国際運動日本委員会編集・発行『日本も必要！差別禁止法』２００２年に収録）。国連人権高等弁務官事務局が主催した、ヘイト・スピーチに関する２０１２年10月のモロッコのラバトでの専門家会議の採択した「差別、敵意又は暴力の煽動となる国民的、人種的又は宗教的憎悪の唱道の禁止に関するラバト行動計画」でも、「各国は、憎悪煽動に対して効果的に闘うため、予防的および懲罰的な行動を含む包括的な反差別法を採用すべき」こと（第26項）が勧告されています。さらに、欧州連合では、「人種又は民族的出身にかかわりなく平等待遇原則を適用するための２０００年６月29日の理事会指令」（以下、「ＥＵ反人種差別指令」）が出され、加盟国に対し、２００３年７月までとの期限付きで、禁止法制定を法的に義務付けています。このように、差別禁止法は国際人権基準からすれば常識なのです。

また、国際人権基準においては、人種差別撤廃条約第７条で規定されている人種差別撤廃教育が差別撤廃政策のもう一つの柱です。そして、差別撤廃政策を国際人権基準に照らして確実に実施させていく制度として、政府から独立した国内人権機関及び個人通報制度があります。

以下、これらの基本的な国際人権基準に合致する差別撤廃政策――法制度を日本で構築するにあたって、今求められているのは何かを具体的に考えてみましょう。

## 差別撤廃政策のための調査・研究の内容と方法

差別撤廃政策を策定するには、まず、外国人及び民族的マイノリティの生活全般及び差別の実態についてのデータが必要です。現在は、国による外国人に関するデータは、もっぱら監視のための「出入国管理統計」と「登録外国人統計」しかないといっても過言ではありません。また、民族別の調査は一切なされていません。

調査においては、まず、先住民族、旧植民地出身者、ニューカマーの各国出身のグループ、被差別部落出身者など、差別の対象となっているそれぞれのグループの国籍別・民族別の人口構成（年齢、性別等）のデータが基礎となるでしょう。そのうえで、それぞれ国籍別、民族別、年齢別、性別ごとに、通っている学校の種類、就職先の種類、失業率、自営業の割合、就学率、進学率、就職・進学・アパートを借りる際、入店、婚姻の際などにおける被差別体験の割合と内容、医療保険、年金受給の有無、使用言語、通名使用など、あらゆる社会生活における差別の実態について包括的に調べる必要があるでしょう。公務員の国籍条項など、公的な差別、制度的差別も調査の対象として不可避です。これまで神奈川県、大阪府、神戸市、京都市、広島市、新宿区、文京区など、いくつかの自治体が行ってきた調査は参考になります。
なお、このような調査を行う際、関係する個々人のプライバシーと匿名性を充分に確保し、かつ、自分があるマイノリティ集団に属するかどうかに関して、任意による自らの認定を尊重するよう、委員会から勧告されています（２０１０年勧告第11項）。特に、調査により自らがマイノリティであることが周囲に漏れて、差別のきっかけとならないよう、最大限の配慮をする必要があります。また、調査方法や調査項目について、事前に、当事者や人権、プライバシーの専門家をいれたグループで審議することが不可欠です。例えばイギリスでは、１９９１年から、10年ごとの国勢調査の際に、本人の認識による民族別人口の詳細な調査を行っています。イギリスでも開始前に、プライバシーとの関係で議論がありましたが、差別撤廃政策を立てるためには調査が不可欠との合意が形成され、調査が行われることとなったのです（杉浦直「イギリスにおけるエスニック集団と人口統計」『人間・文化・社会』岩手大学人文社会科学部、１９９７年参照）。調査方法については政府から独立した国内人権機関である「人種平等委員会」（２００６年に「平等と人権委員会」へ統合）が協力し、実施についても監視しています。

ヘイト・スピーチ規制に向けての実態調査の内容

差別の実態調査は、特に、人種差別を禁止したり、ヘイト・スピーチを規制する法律を作る場合、規制する必要性の根拠としての立法事実を明確化するために不可欠です。

ヘイト・スピーチについては、①公人によるもの、②マスコミによるもの、③インターネット上のもの、④排外主義デモ、⑤その他の形態に分けられますが、それぞれの事実の把握が最初になされるべきことです。「人種差別撤廃ＮＧＯネットワーク」が２０１２年８月に国連人種差別撤廃委員会に提出した日本の現状についてのレポートが参考になります。（http：//imadr.net/activities/erd_sub/）

また、被害者がどのような人たちなのか、被害者の心身や生活にどのような実害が生じたのかを調査・研究することは、ヘイト・スピーチを法規制する必要性への社会的な認識が未だ不十分な現状においては、とりわけ重要です。このような調査をすれば、ヘイト・スピーチにより、マイノリティに属する人々に、心身症、ＰＴＳＤ、精神疾患などの心身の直接的な傷についてはもちろんのこと、仕事や学校を辞めざるをえなかったり、さらには自死に追い込まれたりなどの深刻な、取り返しのつかないほど、心身・生活・生命に具体的実害が生じている事実が浮かび上がるでしょう（本書第２章中村論文参照）。それにより、マイノリティに対するヘイト・スピーチのみを特別に規制する必要があることなど、具体的にどのような法規制をすべきなのかも明確になるでしょう。

マイノリティの心身に与えた害悪について、人権、刑事政策、社会学、心理学、医学など、様々な分野の研究者が協力して調査・研究することは、規制のみならず、心身の傷を癒し回復するための対策を立てる上でも不可欠でしょう。

現在焦点となっている排外主義的街宣やデモについては、呼びかけ内容、参加人数、参加団体、日時場所、スピーチ・プラカードやシュプレヒコールの内容、警察による規制の内容、各都道府県委員会による許可の内容を詳細に検討すべきでしょう。特に、法規制がなく、排外主義デモが原則として「表現の自由」して法的に保護されている現在、警察が排外主義デモ及び被害者やカウンターの側にはどのような対応をしたのかの調査・検討は重要です。ヘイト・スピーチを誰がどのように規制するのがよいのかという法制度設計の前提となります。例えば、２００９年12月の京都朝鮮学校襲撃事件でも、警察はレイシストが校門に押しかけた現場におり、学校側からその場で要請を受けたにも関わらず、一切取り締まりませんでした。また、その後、学校側が弁護士同行で警察に被害届を出しに行った際も消極的で、受け取らせるのに深夜までかかったこと、数か月も経ってやっと加害者を逮捕したが、他方で、校長も処分するなど多くの問題がありました（本書中村論文参照）。その他のデモの際も、むしろカウンター側を合法デモの妨害者として逮捕してきた事実があるからです。

なお、政策論として、表現の自由とのバランスを如何にとるか、法規制した場合の濫用を如何に抑えるかを検討するために、各国におけるヘイト・スピーチ法規制とその実施状況は調査対象として極めて有意義でしょう。各国ともそのバランスに悩み、様々な工夫を重ねてきているからです。

国のどの機関が調査を行うべきか

当面の調査の主体としては、政府ではなく、超党派で取り組める国会が適切と思われます。差別の実態調査を行えば、これまでの、国による差別政策や無策が問われることとなるので、政府が主体となるとアリバイ的なものとなる危険性があるからです。２０１３年5月、有田芳生民主党議員が参議院法務委員会で、国がヘイト・スピーチの実態調査を行うべきではないかと質したことに対し、谷垣禎一法務大臣は、法務省の人権擁護機関の仕組みを超えた調査機関を設けるということは考えていないと述べました。しかし、これまでも国による人権侵害に対する消極的姿勢が批判されてきた同機関が適切とは思えません。例えば、２０１２年8月、朝鮮学校の保護者が高校無償化制度からの朝鮮学校排除について同機関に対して行った人権侵犯事件の申告に対し、同機関は、たった1か月で、当事者に対する事情聴取さえもなく調査を終了し、理由も付さずに「人権侵犯の事実がない」と記した一片の通知で手続きを打ち切りました。このように、政府による差別に対し、機械的にお墨付を与えるような機関に、公的な差別も含めた差別に関する調査を委ねるのは危険だからです。福島原発事故の際に設置された「国会事故調」のような、政府から独立した専門調査機関を新設するのが最適ですが、それには設置のための法律を作るなどの手続きを要します。しかし、ヘイト・スピーチがマイノリティに及ぼしている深刻な実害を一刻も早く止める必要性から考えれば、現存するいずれかの国会の機関、例えば、議院の法務委員会で調査を行うことも一つの方法でしょう。

## 外国人・民族的マイノリティの人権基本法の制定

前述の実態調査を踏まえて、外国人・民族的マイノリティの人権保障に関する基本政策の策定とそれを法律化した基本法の制定が求められます。

まず、外国人については、人権の享有主体であることを法律で明記すべきです。憲法上の人権享有主体の多くが「国民」と書かれていることもあり、そもそも人権の享有主体かどうかが未だ憲法上の論点となっているからです。現在は通説・判例とも、原則として享有主体であるとしていますが、1978年の最高裁のマクリーン判決で示された「外国人の人権は在留制度の枠内で保障される」との憲法解釈が未だに生きており、大幅な法務省の自由裁量にゆだねられている在留制度により、人権保障が制約されるという本末転倒な状態が続いていることを是正する必要があります（同判決については、日本弁護士連合会のウェブサイト上の同会第47回人権擁護大会シンポジウム第1分科会基調報告書「多民族・多文化の共生する社会をめざして~外国人の人権基本法を制定しよう」本編45頁参照）。また、人権享有主体であるとしても、例えば、教育を受ける権利について、現在でも、政府は「外国人に対する普通教育の実施については、憲法上及び教育基本法上要請されて」いないと主張する（鈴木勲『逐条学校教育法』学陽書房、2009年参照）等、権利ごとに、外国籍者にも等しく認められるのか否か争いがあるので、これらを明確にする必要があります。

次に、民族的マイノリティについては、誰が民族的マイノリティであるのかを基本法で明確にすべきです。そのうえで、マイノリティの権利について、基本法で明記すべきです。日本も批准している自由権規約第27条、子どもの権利条約第30条により、民族教育権等のマイノリティとしての権利が認められていますが、これを具体化した法律がないからです。権利の内容については、反差別国際運動日本委員会編集・発行『マイノリティの権利とは』（２００４年）で、国連「マイノリティの権利宣言」とそれを具体化した逐条解説等が紹介されており、参考になります。

また、基本法には、国や地方自治体等が、差別撤廃にむけてどのような責務を負うのか、基本的な政策の全体像が示されるべきです。たとえば、差別の禁止や差別撤廃教育の実施を定める条項が含まれるでしょう。なお、通常「基本法」には基本的な方針のみが規定されるので、基本法と別に、差別禁止について具体的に定める法律が別途定められます（「障害者基本法」と「障害者差別解消法」との関係のように）。

さらに、基本法では政府内の担当部署が明示されるべきです。現在は、当事者などが外国人・民族的マイノリティの人権問題に対して交渉する際、外務省、法務省、文科省、厚生労働省等の関係する各省庁の個別の問題の担当者にあたらなければなりませんし、また、どこも最終責任を持っていないため、たらい回し状態となってしまっています。外務省が条約担当ということから、外務省人権人道課が交渉窓口となることもありますが、単なる調整係であり、権限はありません。人種差別撤廃政策は、法律、労働、教育、文化、経営等、社会のあらゆる分野に及ぶこと、性、障がいなどの差別撤廃政策と共通する政策が多いことから、新しく「平等省（庁）」もしくは「人権省（庁）」を設置することも一案でしょう。

外国人人権基本法案としては、前述の日弁連シンポジウム実行委員会が立案した「外国人・民族的少数者の人権基本法要綱試案」が参考になります。章立ては、第1章　総則、第2章　外国人及び民族的少数者の人権と国及び地方自治体の責務、第3章　旧植民地出身者とその子孫の法的地位、第4章　人種差別の禁止、第5章　国・地方自治体の施策、第6章　救済機関となっています。

なお、外国人に対する人権基本政策策定――人権基本法制定の際に、人権保障、差別撤廃と反するこれまでの法制度をすべて洗い直し、改廃すべきです。入管法、国籍法はもちろん、前述の外国籍者を法律上差別している関係法令のすべてを対象とすべきです（自由人権協会2013年8月1日付け「公的な国籍差別の撤廃を求める意見書」参照）。

## 包括的人種差別禁止法の制定

総論では、差別の類型、対象、例外などを定める「差別」の定義が重要です。例えば、前述のEU反人種差別指令では、直接差別、間接差別、ハラスメント及び差別の指示を「差別」に含むとしています。各論では、就業、昇進、賃金その他の労働条件、医療、社会保障、教育、団体加入、不動産の賃貸・売買、施設利用、サービスの提供等の社会生活のあらゆる分野における差別について具体的な禁止事項を定めることが求められます。

このような包括的差別禁止法について、民事規制とするか、刑事規制とするかは国によって異なります。前述の、国連反人種差別国内モデル法は、すべてを犯罪として規定しています。他方、ヨーロッパでは、EU反人種差別指令が民事規制を求めていることもあり、民事規制が主流となっています（ヘイト・クライム、ヘイト・スピーチ規制を除く）。

差別は、「すべて人間は、生まれながらにして……平等である（「世界人権宣言」第1条）という個人と人間社会にとって最も根本的な価値を否定する、許してはならない行為であり、マイノリティ当事者と社会にもたらす害悪の大きさから、少なくとも悪質な差別については刑事規制が適切ともいえるでしょう。民事規制とすると強制力が弱く、実効性に問題があります。

他方、刑事規制とすると、権力の濫用による人権侵害の危険性を防ぐため、近代刑法の原則である罪刑法定主義、推定無罪の原則、裁判の公開等の規制を受けることになります。この点、民事規制とすると、この規制から免れることによるいくつかの利点があります。まず、EU反人種差別指令等で規定されている、立証責任の転換（差別していないと主張する側が、差別がなかったことを立証する責任を負う）が可能になり、被害者の負担を大きく軽減できます。また、裁判所ではなく、国内人権機関が非公開の場で調停を行うなど、柔軟な解決が可能となります。害意のない差別の場合、このような解決方法が、加害者、被害者の双方にとって、メリットがあります。特に、差別とは何かが社会的に浸透していない段階において、国内人権機関による審査の教育的意義は大きいでしょう。また、刑事規制とすると、新法制定には特に慎重な議論が求められるため審議にとりわけ時間を要しますが、国際人権法違反が続いている現状から、また、被害拡大・継続を止めるべき緊急性の観点からも、できる限り早く法規制することが求められています。さらに、民事規制でも、罰則を設ける等、実効性を高める工夫をすることは可能です。

以上から、日本の現状に照らせば、差別禁止法はできるかぎり早急に民事規制法として出発させることが適切でしょう。

具体的な法案は、自由人権協会のウェブサイトに掲載されている「人種差別撤廃法要綱試案　Ver．2」、東京弁護士会外国人の権利に関する委員会差別禁止法制検討プロジェクトチームの「人種差別撤廃条例要綱試案」等が参考になります（外国人人権法連絡会『外国人・民族的マイノリティ人権白書』（2007年、明石書店）に収録）。

## ヘイト・クライム及びヘイト・スピーチ規制

ヘイト・クライム及びヘイト・スピーチは、いずれも人種、国籍、民族等の属性を理由とするマイノリティに対する差別であり、攻撃―迫害であることを本質としています。ヘイト・クライムは物理的な暴力的攻撃を犯罪とするものであり、ヘイト・スピーチは言動による暴力です。人種差別撤廃条約第4条は、ヘイト・クライム及びヘイト・スピーチが、マイノリティに属する諸個人の尊厳を著しく傷つけ、沈黙させる（個人的法益）だけでなく、マイノリティを社会から排除して民主主義の基礎を破壊し、社会に差別・暴力を増幅させ、他民族虐殺、戦争への引き金となり、社会に差別と憎悪が蔓延してからでは遅く、直ちに止める必要性がある（社会的法益）ことから、差別の中でも特に厳しく、罰則付きの法規制をすることを求めています。日本は第4条a項b項につき、表現の自由を理由として留保していますが、２０１３年9月15日現在の１７６の加盟国中、同条に何らかの留保や解釈宣言をしているのは21か国に過ぎず、かつその多くはヘイト・クライム若しくはヘイト・スピーチに対し、何らかの法規制をしています。

また、欧州連合では、ヘイト・スピーチを刑事規制すべきかどうか表現の自由とのバランスの観点から議論が重ねられてきましたが、２００８年、「意図的に」「暴力や憎悪を公然と煽動すること」につき、刑事罰で規制すべきという評議会枠組み決定を採択しました。加盟国は、２０１０年11月までに実施する法的義務を課せられました（拙稿「欧州評議会の人種差別に関するセミナーに参加して」『国際人権ひろば』２０１２年1月号参照）。

以上より、国際人権基準から、また、法益侵害の重大性からすれば、「道交法違反は処罰の対象なのに、人種差別になるような違反はなぜ処罰されないのか」との委員会のディアコヌ委員の指摘（前述の『国連から見た日本の人種差別』１５３頁参照）は説得力があり、ヘイト・クライムのみならず、悪質なものについては、ヘイト・スピーチについても刑事規制が適切だと考えます。

ただし、刑事規制については、表現の自由への過度の抑制と権力の濫用を最大限防ぐべく、どのような条項にするのか、国際人権基準と各国の条項、処罰事例から学び、慎重に検討するべきことは当然です。まず、マイノリティの表現活動の取り締まりに悪用されないよう、処罰の対象をマイノリティに対するものに限定することはもっとも重要なことでしょう（前掲拙稿「試論　ヘイト・スピーチ規制法のマイノリティに対する濫用の危険性と人種差別撤廃条約」参照）。次に、差別が本質であることを明確にし、濫用を防ぐため、刑法に規制条項を挿入するのではなく、人種差別禁止法の中に、これらの条項をいれる方法が望ましいでしょう（イギリスの１９６５年「人種関係法」参照）。また、刑事規制の際に、「公共の秩序」という国家的法益の観点から規制することは、時の権力者によって濫用される危険性が高いので、避けるべきです。イギリス等では、実際にそのような濫用事例があります（拙稿「イギリスにおける人種主義的ヘイト・スピーチ規制法」神奈川大学法学研究所年報Ｎｏ．30、２０１２年参照）。

具体的には、例えば、まずは、とりわけ悪質な、他民族虐殺の煽動について、集団殺害罪の防止及び処罰に関する条約（ジェノサイド禁止条約）にならい、刑事規制をする方法もあるでしょう。ジェノサイド禁止条約は、第二次世界大戦における他民族虐殺への反省から、１９４８年、国連成立後、最も早く作られた条約の一つで、２０１３年8月7日の時点で１４２ヶ国が加盟しています（日本は未加盟）。その第3条c項で、「集団殺害を犯すことの直接かつ公然の教唆」を犯罪として処罰すべきことを定めています。ちなみに、アメリカは、ヘイト・スピーチ規制が緩い国として知られていますが、同国でもジェノサイドの煽動は連邦の刑法で禁止されています。

また、公務員はその言動の影響力が大きく、条約遵守義務（第98条2項）を含む憲法尊重擁護義務を負っている（第99条）ことからも、公務員に限定して刑事規制とする方法もありえるでしょう（前掲東京弁護士会外国人の権利に関する委員会差別禁止法制検討プロジェクトチーム案参照）。

他方で、前述のように、日本の権力の歴史への無反省と差別政策自体がヘイト・スピーチの主原因であるのに、現政府に差別政策への反省が見られないこと、権力による反原発運動・反戦運動等への弾圧の横行やこの間のヘイト・スピーチ、ヘイト・クライムにおいて警察は主要に加害者側を守ってきたこと、権力執行機関を含む公務員への人権教育がないに等しい現状であること等から考えると、権力がヘイト・スピーチか否かを判断し執行することになる刑事規制とすることには慎重にならざるをえないことも事実です。刑事規制新設のためには特に慎重な研究と調査が必要となること、マイノリティへの被害を止める法的手段がすぐにでも必要であること、警察・検察等の権力を執行する公務員への人種差別撤廃教育に時間を要することなどを考えると、前述の包括的な人種差別禁止法（民事法）の中にヘイト・スピーチの民事規制条項を入れ、国内人権機関による運用を図ることから出発することが現実的かもしれません。

また、地方から国際人権基準を具体化する差別禁止条約をつくっていくことも重要です（前掲東京弁護士会プロジェクトチーム条例要綱試案参照）。

## 要となる人種差別撤廃教育

人種差別撤廃教育については、2000年に成立した「人権教育及び人権啓発の推進に関する法律」は、第1条で「人種」等の「差別の発生等の人権侵害の現状」を鑑みて、国等の責務を明らかにすることを目的としています。よって、人種差別撤廃教育を行うための枠組としての意義はありますが、国の具体的な義務は基本計画策定義務に限定されており、その「基本計画」の内容は「異文化の尊重」など極めて一般的・抽象的なものであり、実際にはほとんど役立っていません。

まず、学校教育において、政府は、現代史を軽視し、加害の歴史をほとんど教えてきませんでした。それゆえ、朝鮮半島の出身者とその子孫が、数世代にわたり、なぜ日本に住まざるをえなかったのかという基本的事実さえ、日本社会の共通認識となっていません。これでは旧植民地出身者に対する差別がなくなるはずがありません。「在日特権」などという妄想が生まれないよう、戦前のみならず、戦後の外国人・民族的マイノリティへの差別政策の歴史とマイノリティが置かれている差別の現状も教えることが重要です。

また、人種差別撤廃委員会が勧告しているように、差別の歴史と現状のみならず、社会を形成してきた主体としてのマイノリティ・コミュニティの多様な文化や歴史についても教科書に記載すべきでしょう（2010年総括所見第25項）。

さらに、日本の学校の正規のカリキュラム内において、誰もがマイノリティの言語を学ぶことができる機会を保障することも重要です。それは、第一に、外国人や民族的マイノリティの子どもたちにとっては、自らのコミュニティの言語・文化を学ぶことは、自由権規約第三〇条、子どもの権利条約

第三〇条により、マイノリティの権利として保障されているからです。同時に、それは、日本において大和民族のみが自らの言語を学ぶことができるという差別を撤廃する意義があり、マジョリティの子どもに、日本語も、それ以外の言語も同等の価値があり、尊重すべきものであることを身近で教えることになるでしょう。第二に、マジョリティもその言語と接することにより、偏見をなくし、また、平等な友好関係を築く架け橋となりうるからです。

また、国際人権基準を含む人権教育を学校教育のカリキュラムに取り入れ、誰もが知る常識となるようにすべきです。

そして、学校教育の担い手である教員の養成課程において、これらの人種差別撤廃教育を必修とする必要があります。

以上の学校教育における人種差別撤廃教育については、拙稿「国連マイノリティ・フォーラムの勧告」『外国人・マイノリティ人権白書2010』(明石書店、2010年)もご参照ください。

また、前述のように、警察、検察、入管職員等権力の執行の際に人権侵害を犯す危険性が高い公務員をはじめとして、全公務員がこれらの人種差別撤廃教育を受けることは、差別撤廃政策を進めるために不可欠でしょう。

社会的影響力の大きいメディア関係者も研修を受けるとともに、メディアが社会的な差別撤廃教育の一翼を担うよう、報道機関自らが協議し、取り組むべきでしょう。

これらの学校のみならず、社会の様々な分野における差別撤廃教育を国が継続的に確実に実施するよう、国の義務として法的に明確にすることが望まれます。例えば、ブラジルでは、アフリカ系住民に対する差別の撤廃に向け、２０１０年に「人種平等法」を制定しましたが、その第11条において、初等・中等教育において、公立、私立を問わず、アフリカの全体的歴史及びブラジルにおける黒人民衆の歴史を教える義務があることなど、人種差別撤廃教育について詳細な規定を定めています。

## 国内人権機関の設置

差別撤廃政策の実現のためには、政府から独立して、国際人権基準の観点から、国連をはじめとする国際的人権関係諸機関と連携し、国による差別撤廃政策の実施状況をチェックし、是正を提言する権限のある公的機関が必要です。各国政府による人権法整備は遅れがちであり、権力の濫用による人権侵害やマイノリティに対する差別が横行したことから、このような独立の機関が必要であることが共通認識となり、１９９３年の国連総会で、「国内人権機関の地位に関する原則」（パリ原則）が採択されました（法務省のウェブサイト参照）。

このような制度趣旨から、政府からの組織的、財政的独立性が国内人権機関の核となります。その構成も、人権の促進と保護に関わる社会勢力からマイノリティを含む多元的な代表を確保するためのあらゆる保障を備えた手続きが要請されています。

国内人権機関の仕事としては、①人権状況の調査・研究に基づいて国の機関に対し政策を提言、②裁判所とは別の簡易・迅速・安価な人権侵害の救済、③人権教育及び研究並びに広報活動を三本柱としています。その活動は、国際人権基準が国内で実効的に実施されることを目的としているので、単なる現存する国内法の実施の確保にとどまらず、国に対し、まだ加盟していない国際人権条約への加盟を奨励したり、国内法を国際人権基準に合致するよう勧告する活動も行うことが特徴です。

２０１３年８月１日の時点で、パリ原則に則った国内人権機関かどうかを審査する、国内人権機関国際調整委員会（ＩＣＣ）の何らかの認可を得ている機関を設置している国は１０３ヶ国であり、全国連加盟国１９３ヶ国の過半数となっています（ＩＣＣのウェブサイト参照）。

日本は、１９９０年代から、国連人権諸条約監視機関の総括所見ほか、国連「現代的形態の人種主義、人種差別、外国人嫌悪及び不寛容に関する特別報告官」の日本報告書（２００６年２月）、国連「移住者の権利に関する特別報告官」の日本報告書（２０１１年５月）、国連人権理事会の「普遍的定期審査」結果文書（２００８年、２０１２年）でも国内人権機関を設置するよう、度重なる勧告を受けています。

政府は、国内人権機関設置を意識して２００２年に「人権擁護法案」、２０１２年に「人権委員会設置法案」を国会に提出しましたが、いずれも廃案となっています。

ＮＧＯからの対案としては、２００８年の日本弁護士連合会の要綱や２０１１年の「国内人権機関設置検討会」による「人権委員会設置法」法案要綱等があり、インターネットで見ることができます。

例えば、後者は、国内人権機関を特定の省庁ではなく、内閣の所轄として、独立性を確保しようと試

みています。（山崎公士『国内人権機関の意義と役割　人権をまもるシステム構築に向けて』三省堂、2012年参照）

## 個人通報制度

最後に、各国の人種差別撤廃法制度が国際人権基準に合致したものであることを確保する制度として、主要人権諸条約で定められている個人通報制度があります。人権侵害を訴える個人が、裁判所などの国内の人権救済機関で救済を得られなかった場合に、直接、人種差別撤廃委員会等の国際人権監視機関に救済を求めることができるというものです。例えば、人種差別撤廃条約では第14条でこの制度を定めており、加盟国である日本は、同条の受け入れの宣言をすれば、この制度の適用を受けることになります。

個人通報を行った結果、条約違反の認定が出ても、その認定には法的拘束力はありません。しかし、条約実施の監視機関からの判断は、条約加盟国は当然に尊重する義務があります。多くの国は認定を尊重し、それまでの決定や制度を改めています。

日本の裁判所も、個人通報制度があれば、合法と判断したことが後に国際機関から条約違反で違法と判断される可能性を考えて、裁判において国際人権基準を意識して自らの判断をチェックせざるを得なくなります。これまで日本の裁判所がほとんど国際人権諸条約を無視してきたに等しい状況は、大きな変化を迫られるでしょう。

しかし、多くの国が個人通報制度を受け入れている中、日本は一切受け入れていません。例えば、OECD加盟34ヶ国の中で、個人通報制度を一切受け入れていないのは日本を含む2ヶ国だけです（ヒューマンライツ・ナウ『今こそ個人通報制度の実現を！』現代人文社、2012年）。多くの国際人権諸条約監視機関等からも、受け入れるように何度も勧告されています。

2009年9月に成立した民主党政権は、個人通報制度の実現を公約としていたのですが、結局実現しないまま、終わってしまいました。

## 終わりに

多くの国がすでに備えている国際人権基準に見合った人種差別撤廃法制度を日本で実現するためのアウトラインについて述べてきました。日本の現行法制度は、国際水準とかけ離れ、国際人権法違反の恥ずべき状態なのです。

ただ、このような法制度が整えられれば、直ちに差別がなくなるものではありません。カナダや北欧諸国など国際人権基準をほぼ満たしている国々でも、未だ差別との闘いの最中にあり、人種差別撤廃法制度はしばしば改正が行われています。ヘイト・スピーチについても、法規制があっても未だレイシストの活動が行われ、それを批判する人々による直接行動が活発に行われています。

それでも国が建前としてヘイト・スピーチをはじめとする差別を違法とし、差別をなくす法的責任を負うことを宣言し、国内人権機関、個人通報制度などの法制度ができれば、私たちは、差別と闘う有力な武器を手にすることができます。国や社会が差別を許さないという立場をとるという差別根絶に向けての闘いの、国際社会の共通のスタート地点に立つことができるのです。

# あとがき

前田　朗

ヘイト・スピーチの研究を続けると、世界がヘイト・スピーチに満ち溢れているような錯覚に襲われることがあります。

人種、民族、宗教、言語、国籍、性別などに差異があるのは当たり前で、自分と異なる人々との接触が増えれば、そこに軋轢が生じるのも「自然」です。

古くは大航海時代に西欧世界が世界に拡大する中で、徹底した人種差別が地球を覆いました。人間の理性を高らかに謳い上げた啓蒙の時代にあっても、内部の自由と平等を支えていたのは、外部における差別と収奪でした。アメリカ独立のヒーローたちは自由の名の下に奴隷制を擁護し、実践していました。

20世紀の人種差別は、アメリカの黒人差別、南アフリカのアパルトヘイト、ナチス・ドイツのユダヤ人迫害によって代表されますが、人種差別、人種主義、民族迫害、民族せん滅、ジェノサイドの嵐は、世界各地で猛威を振るいました。

第二次大戦後、世界人権宣言や国際人権規約をはじめとする国際人権法が成立し、人種差別との闘いが始まりました。１９６５年には人種差別撤廃条約が採択され、２００１年にはダーバンで人種差別反対世界会議が開催されました。

しかし、９・11以後の世界は「テロとの戦い」という名の下で、人種差別、宗教差別が吹き荒れる世界になってしまいました。アメリカの「愛国者法」は人種差別と拷問の自由を宣言したも同然です。アフガニスタンやイラクでは人道に対する罪が長期化しています。フランスでは女性イスラム教徒のベール禁止問題で揺れ動いています。欧州、アフリカ、アジア――世界各地で紛争が生じ、差別や虐殺やテロがニュースとなっています。

日本も例外ではありません。本書で取り上げたのはごく一部の事例にすぎません。ニューカマーとして来日した外国人、日本に住んでいる外国人に対する差別。女性差別。セクシュアル・マイノリティに対する差別。障がい者に対する差別。

差別や憎悪について研究すればするほど、「人間とは差別する生き物なのか」と暗澹たる気持ちになったりします。

しかし、現実の人間はそれほど平板な生き物ではありません。一人の人間が慈愛と優しさに満ちた父親、母親でありながら、同時に他者に向かって差別をしてしまうことがあります。一つのコミュニティが創造性豊かな文化をはぐくみながら、同時に他者に対して不寛容になってしまうことがあります。ある時代にある国において激しい差別や憎悪が吹き荒れていても、全ての人間が差別と憎悪にいそしんでいるわけではありません。人間社会から差別や憎悪はなくならないかのように見えても、差別や憎悪はごく一部で起きているにすぎません。

排外的なナショナリズムや、熱狂的なポピュリズムに冒された社会でも、多くの庶民はふつうの日常生活を営んでいます。時に思わず差別的な言葉を使ったりしても、その都度、ブレーキも働きます。人間にはさまざまな顔があり、複数の人間関係のはざまで生きています。多様な可能性を持っています。そうした可能性の中に、他者への違和感、恐怖心、疎外感などが含まれてしまうこともあるのです。新大久保や鶴橋でヘイト・スピーチに熱狂している「異様な」人間も、普通の生活に帰り、「差別は良くない」などと言っているかもしれません。

普通の人間が陥ってしまうかもしれないヘイトの罠から、どのように逃れ、身を引き離すのか。このことを考えながら本書の編集を始めました。

＊　＊

本書のアイデアは、２０１３年3月に三一書房の小番伊佐夫さんからいただいたメールに始まりました。構想を練り、執筆依頼を進めたのは春のことです。日本的な差別とヘイト・スピーチの被害を受けてきた在日朝鮮人、被差別部落、アイヌ民族、琉球／沖縄の人々の視点から事実を記録し、被害を生み出さない社会をつくり、「人種差別につながる偏見と闘う」意識を社会に形成していくために、ヘイト・スピーチの現象と本質を的確に描き出すことが一番の課題です。

また、ヘイト・スピーチをめぐる言説の中には、明らかに事実に反するものが数多く目立ちます。しかも、憲法学者とか弁護士といった「専門家」が初歩的な事実も知らずに、誤った情報を流してきたのが現実です。こうした誤りを正していくことも本書の課題の一つです。

人種差別に対処する法と政策については、これまでも議論の蓄積があります。とりわけ、日本政府が人種差別撤廃条約を批准して以後、条約の履行状況を人種差別撤廃委員会に報告する制度が動き始めました。差別に反対して人権活動に取り組む市民が人権NGOとして、日本における人種差別克服の課題を繰り返し提起してきました。本書では、そうした蓄積も踏まえて、人種差別とヘイト・スピーチに関する法と政策にも踏み込むことにしました。

本書編集中の2013年8月、国連人権高等弁務官事務所で開催された人種差別撤廃委員会83会期は、ヘイト・スピーチに関する一般的勧告35号「レイシストのヘイト・スピーチと闘う」(CRED/C/GC/35)をまとめました。同勧告は、2013年9月9日付で人権高等弁務官事務所のウェブサイトに掲載されました。ひじょうに重要な勧告ですが、本書に反映する余裕はありませんでした。

なお、ヘイト・スピーチは、宗教、言語、国籍、性別などをもとに生じるものもありますが、本書では主に人種・民族に対するヘイト・スピーチを扱いました。

また、文体は「です・ます調」を基本としましたが、「である調」の文章もあります。それぞれの文章を生かす意味で、あえて統一しませんでした。

短期間のうちに執筆にご協力いただいたみなさんに厚く感謝申し上げます。

本書は、編者の『増補新版ヘイト・クライム』のいわば兄弟姉妹編として世に送り出されます。前著に続いて本書出版をお引受けいただいた三一書房編集部にお礼申し上げます。

２０１３年9月1日
関東大震災朝鮮人ジェノサイド90年に
ジュネーヴの国連人権高等弁務官事務所において

**【執筆者プロフィール】**

※並びは本書原稿掲載順

**前田朗**（まえだ・あきら）：東京造形大学教授（専攻：刑事人権論、戦争犯罪論）、朝鮮大学校法律学科講師、日本民主法律家協会理事。著書に『軍隊のない国家』（日本評論社）、『人道に対する罪』（青木書店）、『領土とナショナリズム』（共著、三一書房）、『増補新版ヘイト・クライム』（三一書房）、『国民を殺す国家』（耕文社）など。

**安田浩一**（やすだ・こういち）ジャーナリスト。元週刊誌記者。著書に『外国人研修生殺人事件』（七つ森書館）、『ルポ 差別と貧困の外国人労働者』（光文社新書）『ネットと愛国 在特会の闇を追いかけて』（講談社）など。

**冨増四季**（とみます・しき）：弁護士（京都弁護士会、鴨川法律事務所）、京都第一初級学校嫌がらせ事件弁護団事務局。著作に「医薬品副作用被害救済給付とその争訟制度の問題点」賃金と社会保障2010年1月号、「京都朝鮮第一初級学校に対するヘイト・スピーチ街宣」法学セミナー2011年10月号など。

**金東鶴**（きむ・とんはく）：在日本朝鮮人人権協会事務局長。著書等『在日朝鮮人の歴史と文化』（共著／明石書店）『在日コリアン暮らしの法律Q＆A』（編集委員／日本加除出版）。その他、『移民政策へのアプローチ』（明石書店）などにも執筆。

**古川雅朗**（ふるかわ・まさあき）：弁護士（奈良弁護士会、南都総合法律事務所）、水平社博物館差別街宣事件民事訴訟弁護団。

**岡本雅享**（おかもと・まさたか）：福岡県立大学准教授（多文化社会論、国際政治学、東アジア関係史等担当）。一橋大学大学院博士課程修了（社会学博士）。移住連事務局次長。著書に『中国の少数民族教育と言語政策』（社会評論社）、『日本の民族差別』（編著監修、明石書店）、『ウォッチ！規約人権委員会』（共著監修、日本評論社）など。

**阿部ユポ**（あべ・ゆぽ）：北海道勇払郡鵡川町出身。（社）北海道アイヌ協会副理事長、同札幌支部長、（財）アイヌ文化振興・研究推進機構理事、内閣官房「アイヌ政策推進会議」委員、札幌市「アイヌ施策推進委員会」委員、北海道大学アイヌ先住民研究センター運営委員会委員、アジア先住民族会議（ＡＩＰＰ）理事（日本・台湾地区）。

**西岡信之**（にしおか・のぶゆき）：沖縄国際大学非常勤教員（担当科目：国際平和学、平和運動史）、NPO法人恨之碑の会事務局長、無防備地域宣言運動全国ネットワーク共同代表、大学等非常勤講師ユニオン沖縄書記長。共著に『ピース・ナウ沖縄戦─無戦世界のための再定位』（法律文化社）など。

**中村一成**（なかむら・いるそん）：ジャーナリスト。新聞記者を経てフリー。在日朝鮮人や移民／難民などマイノリティーを取り巻く問題が主なテーマ。映画評も執筆している。著書に『声を刻む　在日無年金訴訟を巡る人々』（インパクト出版会）など。「世界」2013年7、8、9月号に「ヘイトクライムに抗して　ルポ・京都朝鮮第一初級学校襲撃事件」を連載。

**鵜飼哲**（うかい・さとし）：一橋大学教授。著書に『抵抗への招待』（みすず書房）、『償いのアルケオロジー』（河出書房新社）、『応答する力』（青土社）、『主権のかなたで』（岩波書店）、共著に『レイシズム・スタディーズ序説』（以文社）など。

**坪川宏子**（つぼかわ・ひろこ）：「慰安婦」問題解決オール連帯ネットワーク事務局長、1992年頃から金学順さんたちの裁判や、中国人「慰安婦」裁判を支援。中学教科書に「慰安婦」記述要求の活動も。日中韓3国共同歴史『未来をひらく歴史』・『新しい東アジアの近現代史』編纂委員、元都立高校教員。『韓国高校生の歴史レポート』（共訳、明石書店）、『司法が認定した日本軍「慰安婦」』（共著、かもがわ出版）。

**金尚均**（きむ・さんぎゅん）：龍谷大学法科大学院教授（刑法）。立命館大学大学院法学研究科博士後期課程中退。主な業績としては、『危険社会と刑法』（成文堂、2001年）、『ドラッグの刑事規制』（日本評論社、2009年）、「名誉毀損罪と侮辱罪の間隙」立命館法学2012年5・6号など。

**師岡康子**（もろおか・やすこ）：大阪経済法科大学アジア太平洋センター客員研究員。拉致報道以降激化した在日朝鮮人への暴言・暴行事件を契機に弁護士として差別問題に取り組む。2007年から米・英のロースクールで人種差別撤廃条約と各国の反差別法を学ぶ。関連論文「国際人権基準からみたヘイト・スピーチ規制問題」（「世界」2013年10月号）など。人種差別撤廃NGOネットワーク世話人、外国人人権法連絡会運営委員。

**なぜ、いまヘイト・スピーチなのか** —差別、暴力、脅迫、迫害—

2013 年 11 月 10 日　第 1 版第 1 刷発行
2014 年 10 月 21 日　第 1 版第 2 刷発行

編　　者　　前田　朗

発 行 者　　小番　伊佐夫

発 行 所　　株式会社 三一書房
〒 101-0051 東京都千代田区神田神保町 3-1-6
Tel：03-6268-9714
Mail：info@31shobo.com
URL：http://31shobo.com/

D　T　P　　かとう有花

印刷・製本　　中央精版印刷株式会社


ISBN978-4-380-13009-0 C0036

## 増補新版 ヘイト・クライム ――憎悪犯罪が日本を壊す

前田 朗 著

「ヘイト・スピーチ」は言論ではなく暴力と迫害だ！ 吹き荒れる差別排外主義に抗するために！

第1章 噴き出すヘイト・クライム――京都朝鮮学校事件から見えてきたこと／第2章 朝鮮人差別はいま――9・17以後の硬直した日本／第3章 コリアン・ジェノサイドとは何か――よみがえる関東大震災朝鮮人虐殺／第4章 人種差別との闘い――国際人権法の歩み／第5章 ヘイト・クライムの刑事規制――社会を壊さないために／第6章 人種差別禁止法をつくろう――私は差別をしない、と言うのなら／第7章 ヘイト・スピーチ対策は国際的責務――人種差別撤廃委員会勧告を読む／『増補新版ヘイト・クライム』の刊行に寄せて―「日本人」というストーカー 辛淑玉

A5判 13012-0 1400円（税別）

## 闘う平和学 ――平和づくりの理論と実践

加藤朗・木村朗・前田朗 共著

国家が自ら秩序を破壊し、多くの戦争や地域紛争を引き起こす今、平和構築の理論と行動を問う

第一部 平和力養成講座

Ⅰ：憲法9条部隊とは何か――現代における非戦と平和づくり 加藤朗／Ⅱ：原爆と原発の関係性を問う――核の軍事／平和利用を中心に 木村朗／Ⅲ：ピース・ゾーンの思想――「権利としての平和」を考える 前田朗

第二部 鼎談・平和づくりの理論と実践

Ⅰ：危機の時代の日米同盟／Ⅱ：「新しい戦争」の時／Ⅲ：9条を実践するために／Ⅳ：いま問われていること

四六判 14000-6 1700円（税別）

## 震災 戒厳令 虐殺
### ――事件の真相糾明と被害者の名誉回復を求めて

関東大震災85周年朝鮮人犠牲者追悼シンポジウム実行委員会編

1923年9月1日、マグニチュード7・9の激震が関東地方を襲った。大火による未曾有の災害のなか、朝鮮人は捕らえられたうえ、数千人が虐殺された。戒厳令はなぜ布かれたのか。そして日本帝国主義を震撼させた「三・一独立運動」とは。

A5判　08222-1　1200円（税別）

## 領土とナショナリズム
### ――民族派と非国民派の対話

木村三浩・前田朗 共著

考え方が異なる者同士が、冷静に相手の立場を理解し、尊重しながら議論をすることは刺激的かつ生産的である。一水会代表・木村三浩と、東京造形大学教授・前田朗が展開する、北方領土・竹島・尖閣諸島、天皇、軍隊、憲法問題…についての討論。

第1章 基本的立場　第2章 北方領土　第3章 竹島　第4章 尖閣諸島　第5章 今後の課題

四六判　13005-2　1400円（税別）

デモ！オキュパイ！

# 未来のための直接行動

## ——路上、広場の自由を取り戻せ！

三一書房編集部 編

3・11以降、日比谷公園や代々木公園にとどまらず、新宿アルタ前、霞が関経産省前、そして首相官邸前で繰り返される抗議行動！

そして同時に吹き荒れる弾圧。私たちはこの弾圧とどう闘えばよいのか？ デモの自由、路上・広場の自由とは何か？ さらには、デモと民主主義の問題等について、さまざまな角度から論じると同時に、世界各地での直接行動を報告。私たちの「反／脱原発」や様々な社会運動に、より広く本質的な視点を提示することを企図して編集した。



四六判 12008-4 1700円（税別）

## 原発民衆法廷①　東京公判―福島事故は犯罪だ！　東電・政府の刑事責任を問う

## 原発民衆法廷②　大阪公判―関電・大飯、美浜、高浜と四電・伊方の再稼働を問う

## 原発民衆法廷③　郡山公判―福島事故は犯罪だ！　東電・政府、有罪！

## 原発民衆法廷④　大阪公判―原発は憲法違反だ！　日本に原発は許されない

原発を問う民衆法廷実行委員会 編

…この原発民衆法廷は、人類全体の生活・生存を脅かす原発災害を2度と起こさせないために、事故の責任を負うべき指導者を道義的に裁くという点で、これまでの民衆法廷に通じています。これまでの民衆法廷と異なる点は、戦争が対象ではなく、追及すべき対象は広範囲にわたり、しかも責任を負うべき人物の多くが加害者ではなく、被害者のように振る舞っていることです…これらの問題を根本的に解明し、核兵器と原発のない世界を創り出すために、この民衆法廷に知恵を、力を集めてください。民衆法廷の開廷にあたり心からお願い致します。

◎原発民衆法廷判事◎鵜飼　哲：岡野八代：田中利幸：前田　朗

◎検事団◎河合弘之：田部知江子：中川重徳：上杉崇子：河村健夫：深井剛志

◎アミカスキュリエ◎張　界満：井堀　哲：長谷川直彦

A5判　① 12800-4 ② 12801-1 ③ 12802-8 ④ 12805-9　※以下続刊予定　各巻1000円（税別）